KB264977

경계인들의
목소리

사이 시리즈 06 | 시민과 디아스포라 사이
경계인들의 목소리

초판 1쇄 인쇄 _ 2013년 4월 5일
초판 1쇄 발행 _ 2013년 4월 15일

지은이 · 이선주

펴낸이 · 유재건 | 펴낸곳 · (주)그린비출판사 | 등록번호 · 제313-1990-32호
주소 · 서울시 마포구 동교로17길 7, 4층(서교동, 은혜빌딩) | 전화 · 702-2717 | 팩스 · 703-0272

ISBN 978-89-7682-772-2 03330
이 도서의 국립중앙도서관 출판시도서목록(CIP)은 e-CIP 홈페이지(http://www.nl.go.kr/
ecip)와 국가자료공동목록시스템(http://www.nl.go.kr/kolisnet)에서 이용하실 수 있습니다.
(CIP제어번호:CIP2013001832)

그린비출판사 나를 바꾸는 책, 세상을 바꾸는 책
홈페이지 · greenbee.co.kr | 전자우편 · editor@greenbee.co.kr

이 저서는 2007년도 정부재원(교육과학기술부 학술연구조성사업비)으로 한국연구재단의 지원
을 받아 연구되었음(NRF-2007-361-AL0015).

사이 시리즈

06

시민과 디아스포라 사이

경계인들의 목소리

이선주 지음

그린비

다음에 벌어진 골치 아픈 일이 없었던들 마차는 아마 멈추지 않았을 것이다. 마차는 종종 그냥 굴러가고 다친 사람을 그냥 내버려 두는 것으로 알려져 있었다. 왜 아니겠는가? 그러나 겁먹은 시종이 서둘러 내렸고, 스무 개의 손이 말고삐를 잡았다.

"뭐가 잘못되었나?" 후작이 침착하게 내다보며 말했다.

나이트캡을 쓴 키 큰 남자 하나가 말발굽 아래에서 어떤 물체를 하나 집어 들었고 그것을 샘터 바닥에 내려놓더니 진흙탕에 몸을 엎드리며 짐승처럼 울부짖었다.

"용서하십시오, 후작 나리!" 허름한 옷을 입은 하인이 말했다. "아이이옵니다."

"왜 저런 흉측한 소리를 내는 거냐? 저 남자의 아이인가?"

"죄송합니다, 후작 나리, 가엾게도 그렇습니다."

샘은 좀 떨어진 곳에 있었다. 샘터와 도로 사이에는 약 10~12평방야드의 빈터가 있었다. 조금 전의 그 키 큰 사나이가 갑자기 벌떡 일어나며 마차 있는 데로 달려오자 후작은 순간 옆구리에 찼던 칼자루를 잡았다.

"죽었소!" 그 남자는 두 손을 머리 위로 높이 뻗치면서 필사적인 광란의 태도로 후작을 노려보며 외치고 있었다. "죽었단 말입니다."

구경꾼들이 그 주위를 둘러싸고 후작을 향해 시선을 던졌다. 후작에게 쏠린 많은 눈들은 그저 열심히 바라만 볼 뿐 아무런 변화가 없다. 후작 나리께 사태를 보고하던 순한 사나이의 목소리는 극도로 공손하고 유순하고 엎드려 절하는 듯한 어조다. 후작 나리께서는 거기 있던 모든 사람들을 쥐구멍에서 튀어나온 쥐 떼들이라도 보는 듯 한바탕 훑어본다. 그는 지갑을 꺼냈다.

"내게는 놀라운 일이야." 후작이 말했다. "자네들이 자기 자신과 자기 자식들을 제대로 건사하지 못한다는 것이 말이다. 자네들 중 하나 둘은 으레 길에서 이 모양이니 말이야. 자네들이 내 말에게 얼마만 한 상해를 입혀 왔는지 셈할 수가 없을 지경이란 말이야. 자아! 저자에게 이걸 줘라." (Dickens, *A Tale of Two Cities*, pp.115~116)

2호실 아기가 칭얼대는 소리만 들릴 뿐 축사 건물 전체가 조용하다. 나는 마당 한쪽에 있는 감나무 밑으로 다가간다. 커다란 돌멩이를 들추니 까맣고 축축한 흙이 드러난다. 삭정이를 주워 와 땅을 파헤친다. 굵다란 지렁이 한 마리가 햇빛에 놀라 꿈틀대더니 이내 흙 속으로 파고든다. 좀더 깊이 파헤쳐 보지만 개미 새끼 몇 마리뿐 아무것도 눈에 띄지 않는다. 벌써 다 썩어 버렸나? 돈을 훔쳐 달아난 알리의 손가락을 초여름에 다섯 개나 묻었는데 하나도 없다. 작년에 묻은 베트남 아저씨 손가락은 말할 것도 없고. 좀더 깊이 땅을 파려고 팔에 힘을 준다. 흙덩이가 부서지면서 얼굴에 튄다. …… 삭정이가 툭, 부러진다. 순간 하얀 뼈다귀들이 무더기로 쏟아져 나온다. 그러면 그렇지. 나는 주머니에서 손가락을 꺼낸다. 휴지에 말렸던 검붉은 손가락을 뼈다귀들 틈에 놓는다. 물든 감잎 하나가 손가락 위로 살며시 내려앉는다. 나는 구덩이에 흙을 푹, 밀어 넣는다. 수돗가 쪽으로 침을 퉤 뱉고 나서 두 손을 모은다. '파괴의 신 시바님, 이 정도면 충분해요. 더는 제물을 바라지 마세요. 특히 아버지하고 제 손가락만큼은 절대.' (김재영, 『코끼리』, 19~20쪽)

첫번째 인용문은 찰스 디킨스가 프랑스혁명 발발 직전의 폭풍 전야의 시기를 다룬 소설 『두 도시 이야기』(1859)의 중요 장면이다. 몇 마리의 말이 이끄는 후작의 마차가 거침없이 좁은 도로를 질주하다가 그곳에 사는 가난한 남자의 아이를 치어 죽게 만든다. 행인들을 배려하지 않는 무절제한 질주로 인해 아이가 죽는 과정, 아이를 잃은 아버지의 절규, 자기 마차가 아이를 죽게 했는데도 오히려 피해자 아버지의 부주의를 질책하고 거리의 평민들을 쥐새끼 정도로 대하며 경멸을 숨김없이 드러내는 후작의 태도, 억울하고 안타까운 죽음을 목도하고도 아무런 항의도 못하는 사람들이 다양하게 조명되어 프랑스혁명 전야의 사회상을 압축적으로 보여 준다. 두번째 인용문은 김재영이 한국에 사는 이주노동자들의 인간 이하의 착취받는 삶을 그린 소설 『코끼리』(2005)의 한 장면이다. 화자인 '나'는 네팔에서 온 아버지와 조선족 엄마 사이에서 한국에서 태어났으되 호적도 없고 국적도 없다. 초등학교 학생이되 청강생일 뿐이며 살아 있지만 태어난 적이 없다고 되어 있는 아이이다. 축사에 같이 사는 이주노동자 아저씨들은 공장에서 일하다 수시로 손가락이 잘려 나가고 '나'는 아저씨들의 손가락을 땅에 묻으며 자기와 아버지 손가락은 가져가지 말라고 기도를 올린다.

첫번째 인용문의 배경은 18세기 후반이고 두번째 인용문의 배경은 21세기 초반 현재로, 두 이야기는 시대적으로 크게 떨어져 있다. 200년이 넘는 시대적 차이에도 불구하고 두 시대의 사회적 약자의 지위는 하나도 다르지 않다. 프랑스 절대군주 시대의 평민은 귀족이 자기 아이를 죽게 했음에도 항거조차도 할 수 없는 '쥐새끼' 목숨이고, 현대 한국에 사는 이주노동자는 까딱 잘못하다가는 손가락을 잘리고도 오히려 공장에서 잘리게 될까봐 아프다고도 못하는 처지이다. 자신이 속한 사회에서 각각 평민과 이주노동자는 인간이 아니다. 이들이 엄연한 인간임에도 인간 대접을 받지 못하는 것은 '시민'으로 인정되지 않았기 때문이다.

시민권 하면 흔히 평등·보편·인권이라는 긍정적 규범의 개념이 떠오른다. 시민권이 고대로부터 지금까지 그렇게 큰 호소력을 지니는 것은 바로 이러한 긍정적 규범이 함축되어 있기 때문이다. 시민에 속하게 된 사람은 말도 안 되는 인권유린을 당하지는 않을 것이고 억장이 무너질 불평등은 최소한 당하지 않을 것이다. 반면 시민에 속하지 못한 사람은 시민권을 에워싼 아우라인 평등이나 인권과는 거리가 먼 비천한 존재로 규정된다. 위의 인용문에 나오는 절대군주 시대의 평민이나 다른 나라로 간 이주민이 각각 자기 시대의 비시민으로 규정된다. 특히 각각의 민족과 국가를 구별 지어 주던 경계가 이주와 통상과 매체로 흐려지고 있는데도 다른 나라에서 온 사람이라 하여 비시민으로 규정하여 이주자들의 인권을 유린하는 것은 21세기의 중대한 문제로 부각되고 있다. 위 인용문은 시민권이 전혀 법적 보호를 받지 못하는 비시민을 전제하고 있음을 함축함으로써 시민권에 대한 근본적인 심문의 기회를 제공한다.

*　*　*

이 책은 이주자들에 관한 이야기이다. 실제로 각 장에서 이주자라는 용어는 매번 등장한다. 그런데도 나는 책의 부제를 '시민과 디아스포라 사이'라고 하여 시민의 대립어로 '이주자'를 쓰지 않았다. 대신에 이주자들의 특유한 삶의 형식이나 방식을 묶어 주는 용어로 '디아스포라'diaspora를 선택하였다. 그 이유는 사실적이고 객관적인 용어인 이주자보다는, 고국을 떠나 다른 나라에서 사는 사람들의 심상과 갈등을 더 짙게 함축한 용어를 원했기 때문이다. 이주자라는 중립적인 용어보다는 세계화 속에서 가장 주변적 존재로 부각되는 이주자들이 각기 고유한 민족적 속성을 담지하면서 자기와 동병상련하는 다른 소수집단과 어떠한 점에서 서로 지향을 같이할 수 있는지도 함축할 수 있는 용어를 원하였다.

　　마찬가지로 시민의 대립어인 '비시민'을 택하지 않은 것은 두 가지 연유에서이다. 비시민이라 하면 근대에 시민이 아니었던 자국의 노동자와 여성들이 모두 포함되어 논의의 범위가 너무 산만하고 방대해진다. 나는 다른 나라로 이주함으로써 온전한 인권을 갖지 못하고 비체화되는 사람들에 초점을 두려고 한다. 두번째 이유는 이 책은 사실 위주의 사회학적 분석이나 정치학적인 분석을 목표로 하는 것이 아니라 시민(권)에 대한 문학적·문화적인 관점에서 분석을 목표로 하기 때문이다. 비시민보다는 이주자들의 삶의 형태와 지향을 묶을 수 있는 보다 문화적인 용어가 적합하다.

디아스포라는 종교적·정치적·경제적인 연유로 경계를 넘어 타국으로 떠나게 된 일군의 사람들과 그들의 공동체를 일컫는다. 디아스포라들이 이주국에서 모두 비시민인 것은 아니며 일정 기간 거주한 사람들은 시민권을 얻기도 한다. 이들은 시민이 되든 안 되든 계속 고국에 대한 그리움과 한을 공유하고, 거주국에서 환영받지 못하는 존재라는 비시민의 심상을 가지며, 거주자로서의 사회적 권리를 갈망한다. 특정 집단의 사람들은 개인으로서만이 아닌 집단으로서 정치 공동체에 속하는 것으로 느끼는 반면, 디아스포라는 설령 시민이 되었더라도 그 시민권에 자신의 집단 정체성이 반영되지는 않는 소수집단임을 느낀다. 디아스포라들은 이주국의 지배 문화 안으로 들어가기 위해 '같아지기' 위한 꾸준한 노력을 하기도 하고 동화에의 피나는 노력에도 결국은 여전히 주류로 들어가지 못함을 알고 좌절하기도 한다. 한편 '같아지기'나 '속해지기'를 열망하기보다는 나/주류, 고국/이주국을 위계적 구도로 보지 않고 보다 의식적이고 비판적인 '문화번역'을 수행하기도 한다. 디아스포라는 국경을 넘으면서 자신이 타자로 위치 지어지는 부정적인 경험을 통해 자신과 비슷한 처지의 주변인들과 동병상련을 느끼고 연대의식에 눈을 뜨게 된다. 이 책에서는 '경계 넘기', '집단적 의식', '행위자'라는 키워드를 내포한 현대의 점점 보편화되어 가는 존재 양식인 디아스포라를 숙고해보고자 한다. 특히 실제 현실과 경험의 한정성을 보충하고 디아스포라의 보다 치열하고 풍성한 면모를 다루기 위해 문학작품을 통한 논의에 책의 상당 부분을 할애했다.

1장에서는 시민권의 역사를 통해 시민권의 선진적인 이념을 점검하며 국가로 한정 지은 시민권의 한계도 살펴본다. 2장부터 6장까지에서는 고국을 떠난 디아스포라들의 삶의 형태와 행위성을 대표적인 아시아계 미국 문학작품을 통해 살펴본다. 존 오카다John Okada의 『노노 보이』*No-No Boy*, 창래 리Chang-rae Lee의 『네이티브 스피커』*Native Speaker*와 『제스처 라이프』*A Gesture Life*, 수키 김Suki Kim의 『통역사』*The Interpreter*, 카렌 테이 야마시타Karen Tei Yamashita의 『오렌지 회귀선』*Tropic of Orange*이 그것이다. 공간만 바꾸면 우리 또한 한순간 디아스포라로 타자화됨을 알기에 이들 디아스포라의 노래는 곧 우리의 노래이다. 7장에서는 한국 시민권의 폐쇄성과 대비시켜 현재의 혼종사회에서는 민족과 국가의 이기주의를 넘어 인류를 기준으로 한 시민 개념의 모색과 상호 간의 문화번역이 필요함을 제시한다.

이 책은 2008년부터 현재까지 탈경계와 소수민족 문학에 대해 사유하고 글을 써 온 것들을 발전시켜 새롭게 생각하고 집약한 결과물이다. 「미국 이주 한국인들의 디아스포라적 상상력」(『미국소설』 15권 1호, 2008년 2월), 「이창래의 『제스처 인생』: 패싱, 동화와 디아스포라」(『미국학』 31권 2호, 2008년 11월), 「아시아계 이민의 확산과 미국 주도 문화 세력의 경계짓기 고찰」(『새한영어영문학』 50권 3호, 2008년 가을), 「생존의 문화번역과 수키 김의 『통역가』」(『미국학논집』 43집 2호, 2011), 「복합적 혼종사회 제시를 위한 실험: 야마시타의 『오렌지 회귀선』」(『미국소설』 20권 1호, 2013년 2월), 『시민권, 포함의 역사 혹은 배제의 역사』(『영어영문학연구』 55권 1호, 2013년 3월) 등을 토대로 재구성하고 발전시킨 것임을 밝힌다.

항상 믿어 주고 한없이 밀어 준 사랑하는 가족들과 이 책을 기획하고 출판하기 위해 애쓴 이화인문과학원 장미영 원장님과 출판진 선생님들, 통찰력 있는 제안들을 해준 그린비출판사의 박태하 차장 및 편집진들께 감사의 마음을 전한다.

2013년 3월

이선주

차례

| 일러두기 |

1 인용 출처의 상세 서지사항은 권말의 '참고문헌'에 모아 두었다.

2 단행본·정기간행물에는 겹낫표(『 』)를, 논문·기사·영화 등에는 낫표(「 」)를 사용했다.

3 외국 인명이나 지명, 작품명은 2002년 국립국어원에서 펴낸 외래어표기법을 따르는 것
  을 원칙으로 했지만, 관례적으로 통용되는 표기는 그대로 두었다. (예: 발터 벤야민 등)

경계인들의
목소리

【 1장 】

시민권, 통합의 역사 혹은 배제의 역사

1. 시민권의 역사

시민권의 역사는 집합적 정체성의 형성 과정과 문화적 연대의 추이를 보여 준다. 시민이라는 집합적 정체성의 형성은 길고도 지난하며 치열한 사회적·정치적·경제적 갈등과 경합의 산물이다. 시민은 도시의 거주자라는 중립적인 의미가 결코 아니었다. 시민이라는 비어 있는 기호는 국가에게서 자유와 평등의 권리를 보장받는 인간이라는 욕망의 의미로 채워진다. 누구나 시민이 되기를 원하나 시민이 이처럼 지위와 특권적 의미를 함축하기 때문에 항상 경계가 그어진다. 그 시대의 시민이 누가 되는가는 그 시대의 주류와 상응한다. 시민은 경계 개념이면서 필요할 때는 신축성을 발휘한다. 어디까지를 시민으로 넣을 것인가는 그 정치체제의 안정을 위해서는 어느 세력까지의 마음을 얻어야 하고 그 세력이 경제적·문화적으로 얼마만큼의 힘을 키웠는가에 밀접하게 비례한다. 지배 세력이 연대를 어느 경계까지 하느냐 하는 것은 지배 세력의 필요와 이제 부각되는 세력의 발언권이 상호 경합하여 타협을 이루어 낸 결과 결정된다. 물론 시민권이 어떤 특정 시점에서 확대가 되는 것은 법률 선포나 혁명으로 인한 선언 등에서 비롯된다. 그러나 시민과 시민권의 성찰을 추상적으로 이념화하지 않는다면, 그러한 확대는 군주의 개심도 의회의 관용도 아니고 오히려 갈등 세력들 간의 부단하고 지난한 경합과 그에 따른 시대적 명분의 획득에 달려 있었다.

시민권이라는 용어는 그리스 도시국가 민주주의와 함께 처음 등장했다. 아리스토텔레스는 『정치학』에서 이렇게 말한다.

이[국가]를 구성하는 것이 시민이다. …… 시민으로 되어진 자 또는 기타 어떤 우발적인 방식으로 시민의 명칭을 얻은 자를 제외하고 우리는 첫째로 시민은 일정한 장소에 거주하므로 시민이 되는 것이 아니라고 말할 수 있다. 그것은 거류 외국인이나 노예도 거주하고 있기 때문이다. 또한 소송하고 소송당하는 이외에 아무런 법적 권리도 없는 자는 시민이 아니다. …… 그리하여 이들은 오직 불완전하게 시민권에 참여한다. …… 우리가 정의하고자 추구하는바 시민은 이러한 예외가 용납될 수 없는 엄격한 의미에 있어서의 시민이다. 이리하여 그의 독특한 성격은 그가 법을 집행하고 관직을 갖는 데 참여하는 자라고 규정할 수 있다. (아리스토텔레스, 『정치학』, 91~92쪽)

그리스의 자치국가에서 시민권을 갖는다는 것은 정치 공동체의 일부분이 되어 정치권력을 행사할 권리와 의무를 갖는 것을 의미했다. 시민이 된다 함은 통치할 수 있고 동시에 통치받을 수 있다는 것이다. 그러나 그리스 민주적 도시국가에서 시민권은 자유로운 본토인에만 한정되었다. 그 본토인 중에서도 시민은 "법을 집행하고 관직을 갖는 데 참여하는 자"여서 아테네에서마저 인구의 소수에 불과했다. 정치 공동체가 이런 시민을 기준으로 하기 때문에 공직 수행에 필요한 능력을 갖추지 못한 사람들은 당연히 제외되었다. 그리스와 로마의 고전적 시민권은 권리이기보다는 오히려 지위였다. 시민의 지위는 군대에서 익힌 조직적 경험으로 얻을 수 있는 통치할 능력과 통치받을 능력을 갖춘 특정한 남성들에게만 해당되었다(무폐, 「시티즌십이란 무엇인가」, 379쪽). 시민의 지위를 가진 그리스인이나 로마인들은 재산을 소유하고 정치에 참여하며 재판을 받을 권리가 있었다.

그리스·로마 시대의 시민은 공적인 일을 매개로 상호 작용하는 사람들로서 경제적인 일을 하지 않았다. 공적 삶에의 그들의 참여는 주요한 경제적 기능을 수행할 책임이 있는 여성과 노예의 존재에 의해 비로소 가능했다. 시민은 공동체의 운명과 관련된 문제를 다룰 뿐 '하찮은' 경제적·사적 문제를 다루지 않았다. 시민은 먹고사는 고민이나 개인 문제는 집에 두고 나와야만 했다. 먹고사는 문제나 경제 문제는 여자나 노예 같은, 시민이 아닌 비정치적 동물이 담당하는 영역으로 여겼다.

5세기 중반에 로마제국이 붕괴한 이후 서구에서 시민들이 참여해서 운영하는 정치 공동체는 사라졌다. 중세 시대는 인간이나 시민이 아닌 신이 지배하는 시대이다. 사람들은 시민의 지위를 확보하고 시민권을 행사하는 대신 종교에 의지하여 내세의 구원을 얻는 데 관심을 두었다. 성 아우구스티누스는 『신국론』에서 세속적 삶보다는 자아성찰과 기도를 통해 내적인 생명에로 관심의 방향을 돌려야 한다고 주장했다(아우구스티누스, 『신국론』, 11~20쪽). 교회가 정치 공동체를 대신했고 정치적 권리나 인권 같은 현실의 논리는 들어설 자리가 없었다. 종교의 장막이 드리운 사회에서 특권층인 봉건 귀족을 제외한 인간들끼리의 권리의 경쟁이며 약속인 시민권은 거론될 여지가 없었다. 신권이 지배하는 사회는 시민권에 있어서는 암흑의 시대이다.

11세기 말부터 13세기 말까지 8차에 걸쳐 치러진 십자군 전쟁이 봉건사회를 무너뜨리는 결정적 계기가 되었다. 십자군 전쟁은 그 당시의 서구인들이 세계라고 알고 있는 거의 모든 영토와 사람들을 파괴와 죽음 속에 연루되게 하였다. 십자군 전쟁에 실패하면서 로마 교황권은 다시금 예전의 영광을 회복할 수 없게 강타를 입었다. 이교도에게 패한 교황은 가톨릭의 수장으로서의 권위를 잃었고 유럽 각국 국왕에 대한 지배력도 크게 약화되었다. 14세기에 프랑스 왕 필리프 4세의 강압에 의해 로마 교황청이 프랑스의 강변도시 아비뇽으로 이전하게 되고 그 후 7대에 이르기까지 교황이 로마로 돌아가지 못한 어이없는 사건을 아비뇽 유수라고 한다. 아비뇽 유수는 세계가 중세에서 근대로, 교황의 시대에서 국왕의 시대로 이동하기 시작했음을 보여 주는 분수령적인 사건이다.

십자군 전쟁은 교황권을 추락시켰을 뿐 아니라 그 싸움을 이끈 봉건제후들과 기사들의 몰락을 앞당겼다. 기사와 제후들이 전사하거나 파산하였고 이 틈을 이용해 왕권은 흩어진 봉건 세력들을 한데 규합했다. 게다가 총이 개발되면서 제후나 기사들은 독립적 지위를 잃고 점차 국왕의 신하로 변신했다. 한편 무역과 상업의 발전에 따라 성장한 도시의 상업자본가들도 지방분권적인 봉건 지배 체제가 시장의 확대를 간섭하고 나서므로 국왕의 중앙집권화를 적극 지지하고 나섰다. 그리하여 14~15세기경부터 영국과 프랑스를 선두로 하여 점차 독일과 이탈리아에도 중앙집권화가 일어나 근대국가로의 터전을 마련한다.

본디 시민은 도시 거주자를 말한다. 중세 중반 즈음에 이르면 남다른 기술을 보유한 장인들이 상권이 이루어질 수 있는 도시에서 직인과 도제를 거느리고 공장을 경영하였다. 영주-농노라는 봉건 신분제도가 농촌 질서를 유지했듯이 길드의 장인-도제라는 신분제도가 도시 수공업의 질서를 유지하고 있었다. 길드에 속한 사람뿐 아니라 유통과 판매에 관련하는 여러 중산층의 사람들이 도시에서 생활하였다. 여러 연유로 영주에게서 자유로워진 농노들도 도시로 올라와서 수공업을 하면서 도시 인구는 계속 증가했다. 십자군 전쟁으로 물류 기지가 되었던 이탈리아의 북부 도시들은 전쟁이 끝난 뒤에도 동서 무역의 중심지로 발전하였다. 이탈리아 북부뿐만 아니라 유럽의 많은 도시에서도 수공업과 상업이 발전하였다. 특히 신대륙으로부터 화폐 구실을 했던 금과 은이 유럽에 흘러 들어오자 16세기경부터 유럽의 상업은 도시를 중심으로 발전했다. 도시에 사는 사람들의 경제적 수준이 비슷한 것은 아니었겠지만 도시를 움직이는 중심 인물들은 어느 정도의 부를 축적하게 된 부르주아였다. 본디 중세의 도시는 'city'보다는 자치도시라는 함축을 갖고 있는 'borough'(자치도시)라고 칭했고 그곳에 사는 도시민은 'burgher'(시민)라고 불렸으며 도시의 중산계급을 말하는 'Bourgeoisie'(부르주아지)는 여기서 파생된 말이다.

시민은 문자 그대로는 '도시 거주자'라는 의미이지만 이러한 연유로 시민은 이때에 부르주아를 칭하는 말로 통용되었다. 이미 그리스 시대 때부터 시민은 정치 공동체에 참여할 수 있는 성원이라는 의미를 가지고 있었기 때문에 17~18세기까지도 도시에 산다고 하여 일반 평민을 시민으로 생각하지는 않았다. 반면에 신분상 귀족에 속하지 않더라도 자신이 축적한 경제력 때문에 봉건제후들도 그들의 힘을 빌리지 않을 수 없게 된 부르주아의 경우에는 점차 세습적 신분의 굴레를 벗어날 수 있었다. 경제력을 갖기 시작하고 교육을 통해 지식을 습득하게 되는 이 시대의 부르주아들의 욕망과 지향이 중세에서 근대로 넘어가는 시대의 지향과 일치한다(Perkins, *The Origins of Modern English Society 1780-1880*, pp.23~51). 부르주아들은 상업 활동에 있어 봉건제후로부터 구속받기를 싫어하며 봉건제의 농업 중심의 폐쇄적 경제체제와는 맞지 않는다. 부르주아들은 여러 개로 분할된 봉건체제보다는 넓은 시장을 확보할 수 있고 다른 민족과의 상업 경쟁에 있어 자신들에게 더 많은 힘이 되어 줄 수 있는 중앙집권적인 군주제에 힘을 실어 줬다.

도시가 발달하고 부르주아 계급이 성장하면서 문화와 가치관에서도 중대한 변화가 일어났다. 15세기경부터 이탈리아 북부를 중심으로 고대 그리스·로마의 학문과 예술을 수용해 인간 중심의 문화가 발전했다. 문예부흥이라고 부르는 르네상스는 프랑스, 독일, 영국 등 북유럽 도시로 확대되어 신이 중심이 된 중세 유럽인들의 세계관을 무너뜨리는 데 크게 기여했다. 또한 마르틴 루터는 모든 개인이 성서를 통해 직접 신과 접촉할 수 있다며 종교개혁을 이끌었고, 이는 개인의 자유를 중시하는 도시 상공인들의 가치관과 맞아떨어졌다. 종교개혁에 의해 야기된 유혈과 뒤이은 불안정이 정치를 종교로부터 분리시키려는 계기를 제공했다. 종교개혁을 통해 하나님과 개인 사이의 직접적인 관계가 국가와 시민 사이의 관계로 세속화될 토대가 마련되었다(Faulks, *Citizenship*, p.34). 모든 사람들이 자신의 생명을 보존하도록 하는 보편적 자유를 주장한 로크나, 시민들이 자유와 평등을 보존하기 위해서는 자유롭게 계약을 맺어 국가를 만든다는 사회계약설을 설파한 루소의 영향은 지식인과 교육받은 일반인들의 근대의식을 키워 주었다(최현, 『인권』, 56~64쪽).

2. 프랑스혁명과 인권선언

시민권은 군주제에서 근대로 넘어오면서 그 보편적 가치가 절상한 단어이다. 절대군주 시대에는 귀족만이 자유와 평등과 재산권을 가지는 시민으로 상정되었기 때문에 절대다수를 이루고 있는 많은 평민들이 인간으로 대접받지 못하였다. 자유와 평등이 현실과는 관계없는 요원한 일이었기 때문에 시민이라는 말도 통용되지 않았다. 1789년 프랑스의 「인간과 시민의 권리 선언」(일명 '인권선언')은 시민으로서의 인간에 대한 권리를 공식화하였다. '인간이면 시민이어야' 하고 '인간으로서의 권리를 가진 자'가 시민이라는 이해가 파급되기 시작한 것이다. 이때에도 인간 모두가 시민으로 상정된 것은 물론 아니다. 근대 시민권은 매우 젠더화된 권리여서 여성을 전부 배제했고 일정한 세를 내지 못하는 자나 이방인도 제외되었다. 그렇다 해도 그 전 시대의 인간의 지위에 비하면 근대 시민권은 자유와 평등을 확대한 선진적 개념이었다. 그래서 브라이언 터너는 근대의 시민권을 이렇게 말한다.

> 근대 시민권의 역사는 갈등과 투쟁의 계기를 통해 앞으로 나아가는 일련의 팽창하는 원들로 상상이 될 수 있다. …… 시민권 운동은 특수한 것에서 보편적인 것이 되었다. 왜냐하면, 배제를 목적으로 한 사람들의 특정한 정의는 점차 비합리적이고 근대 정체의 원리와 맞지 않는 것으로 보이기 때문이다. (Turner, *Citizenship and Capitalism*, p.98)

프랑스는 유럽의 오래된 귀족적 절대군주국들 가운데 가장 강력하고 가장 전형적인 국가였다. 군주는 절대권위를 애써 움켜쥐고는 있었으나 해외 경쟁국으로부터 오는 압력, 기득권을 누리고 있는 귀족 세력으로부터의 압력, 새로이 부각되는 세력으로부터의 압력이라는 세 방향으로부터 압박을 받았다. 군주, 기득권 세력인 귀족, 떠오르는 신세력인 평민 간에 국지적으로만 나타나던 갈등과 경합은 1789년 정면으로 분출된다. 프랑스 왕정은 베르사유의 사치와 거듭된 전쟁과 미국독립전쟁에 쏟아 부은 비용으로 위기를 맞게 된다. 군주는 재정 지불을 위해 귀족회의를 소집했으나, 귀족 계급은 자신들의 특권을 확대해 준다는 약속 없이는 지불하기를 거부하고 옛 봉건적 의회인 삼부회 소집을 단행했다. 삼부회는 신분별로 한 표씩 주어지는 기구였기 때문에, 귀족과 성직자가 손을 잡으면 항상 제3신분을 투표수로 누를 수 있었다(Hobsbawm, *The Age of Revolution 1789-1848*, p.155). 귀족들이 삼부회를 소집한 것은 국왕에 맞서 자신들의 특권을 획득하기 위해 평민들의 들러리가 필요했던 것이다. 그러나 이는 제3신분, 즉 귀족이나 성직자를 제외한 모든 사람을 의미하는 사회집단이나 실질적으로는 부르주아에 의해 지배되고 있던 이들의 독자적인 의향을 너무나 과소평가한 것이다.

제3신분은 왕·귀족·성직자의 기선을 제압하기 위해, 그들이 제시한 조건 아래 합세할 용의가 있는 모든 사람들을 모아 헌법개정 권리를 가진 국민의회를 만들었다. 무력 진압을 시도하는 왕과 귀족층의 연합 앞에서 제3신분은 성공을 거둔다. 법률가나 상업가와 같은 근대적인 전문 지식이나 기술을 가진 사람들이 국민의회의 주축이 되어 있었기 때문에 혁명은 성공할 수 있었다. 또한 이들 부르주아들은 세습적 신분제도를 타파하고 효율적이고 공평하게 국정을 운영하고 개인의 재산권과 자유를 보장하는 것을 당면한 과제로 생각하였다. 그들은 구세력과의 명분 싸움에서 이겼고 그 덕택에 다수의 인민들의 지지를 얻어낼 수 있었다. 제3신분의 대표자인 부르주아의 배후에는 이렇게 평민과 농민과 빈민들이 있었다.

혁명 초기에 수행한 것은 주권자로서의 군주를 주권자로서의 인민으로 대체하는 것이었다. 당시의 신뢰받던 정치 행정가였던 시에예스는 『제3신분이란 무엇인가?』에서 국민을 귀족정과 군주정에 의해 권리를 부인당한 보통 사람들이라고 정의한다. 그가 말하는 보통 사람이란 생계활동에 종사하는 개인들을 말한다. 이 보통 사람이 제3신분이며, 이들은 농업이나 산업 또는 상업에 종사하는 사람들뿐 아니라, 자유 직업에서부터 가장 사소한 것으로 평가되는 가사노동에 이르는 사람들이 전부 포함된다(시에예스, 『제3신분이란 무엇인가?』, 19~24쪽). 시에예스가 말하는 제3신분은 전체 국민에 속하는 모든 것을 포함하고 있으며 따라서 제3신분이 곧 국민이며 주권이다. 시에예스와 같은 생각을 인민들이 행동으로 표출시킨 것이 프랑스 혁명이다. 혁명 직후 공포한 「인간과 시민의 권리 선언」은 보편적이고 평등주의적인 지위로서의 새로운 시민권을 강조한다.

인간과 시민의 권리 선언

국민의회를 구성하고 있는 우리 프랑스 국민의 대표자들은 인권에 관한 무지, 망각, 경시가 공공의 불행과 정부의 부패를 초래하는 유일한 원인이라고 간주하면서, 이 같은 엄숙한 선언을 통해 천부적이고, 양도할 수 없으며, 신성한 인간의 권리를 공포하기로 결정하였다. 이는 이 선언이 항시 사회 각 구성원들의 마음속에 생생히 남아, 이들에게 끊임없이 자신의 권리와 의무를 상기시키기 위함이다. 그리고 입법권과 행정권의 행사가 매 순간 모든 정치제도의 목적과 비교될 수 있음으로써 그것으로 인해 더욱 존중될 수 있도록 하기 위함이다. 또한 이제부터 간결하고 명백한 원칙에 근거한 시민들의 요구가 항상 헌법을 유지시키고 만인에게 행복을 가져다줄 수 있게 하기 위함이다. 따라서, 국민의회는 초월적 존재 앞에서 그리고 그 가호 아래 다음과 같은 인간과 시민의 권리를 인정하고 선언한다.

제1조 인간은 자유롭게, 그리고 권리에 있어 평등하게 태어나고 생존한다.

제2조 모든 정치적 결사의 목적은 인간의 자연적이고 소멸되지 않는 권리의 보전에 있다. 이러한 권리는 자유, 재산, 안전, 그리고 압제에 저항할 수 있는 권리이다.

제3조 모든 주권의 원리는 본질적으로 국민에게 있다. 어떤 집단이나 개인도 국민으로부터 나오지 않는 힘을 행사할 수 없다. …… (모랑주, 「1789년 인간과 시민의 권리 선언」, 127~128쪽)

이 선언으로 권리는 더는 특권계층에게만 허락된 것이 아니게 되었으며, 그 대신 인민의 의지를 대표했던 국민이라는 맥락 속에서 개별 시민들에게 속하게 되었다. 그런데 혁명이 좀더 급진적인 단계에 들어서면서 시민권은 시민적 덕성과 군사적 의무를 완수함으로써 국민, 즉 국가에 봉사한다는 내용도 갖게 된다. 포크스는 적어도 이 선언을 만들었을 때와 혁명의 초기 단계에서는 선언의 초점이 보편적이고 평등한 인간의 지위에 놓여 있고 이러한 보편적 권리와 국민의 일체성이 매우 폭넓고 포괄적인 방식으로 해석되고 있다고 본다(Faulks, *Citizenship*, p.43). 정치적 권리는 외국인들에게까지 확대되었고 초기 문서에는 이민자라는 개념도 거의 등장하지 않아 외국인에 대한 차별이 그렇게 강하지 않았고 이를 크게 의식하지 않았다고 본다. 그는 1792년 프러시아에 대항해 싸웠던 발미 전투에서 프랑스 군대가 '국민 만세!'라고 외치는 소리를 들었다고 말하며(Faulks, *Citizenship*, p.43), 이즈음부터 국가에 대한 애국심이 힘을 발휘하기 시작한 것으로 본다. 포크스는 혁명 후 로베스피에르와 같은 급진주의자들의 등장과 다른 국가들과의 전쟁을 거치며 점점 국민 개념과 시민권이 군사화되고 경직되었다고 지적한다. 그러면서 포크스는「인간과 시민의 권리 선언」이 제정될 즈음처럼 국가나 민족에 (지나치게) 근거하지 않은 시민권을 바람직한 시민권의 형태로 보며, 그 이후부터 시민권이 국가에 한정되었음을 비판적으로 바라본다.

이에 반해 홉스봄은「인간과 시민의 권리 선언」에 이미 인민의 국민으로의 동일화가 감지되며, 따라서 국가 간의 반목이 내포되어 있다고 본다.

확실히 프랑스 국민과 그 영향을 받은 다른 나라 국민들은 처음에는 자신의 이해가 다른 국민들의 이해와 충돌하는 것이라고는 생각하지 않았으며, 오히려 자신이 전제정치로부터 여러 국민들을 보편적으로 해방시키는 운동을 시작하거나 이에 참여하고 있다고 생각했다. 그러나 실제로는 국민적 대항(예컨대 프랑스 사업가들과 영국 사업가들 간의 경쟁)과 국민적 종속(예컨대 정복되거나 해방된 국민들이 위대한 국민의 이해에 의해 종속)이 1789년의 부르주아가 그에 관해 최초로 공식적 표현을 부여하였던 민족주의 속에 포함되어 있었다. (Hobsbawm, *The Age of Revolution*, pp.81~82)

「인간과 시민의 권리 선언」에 대해 상당히 객관적인 입장에서 민족주의와의 연관성을 말한 홉스봄에 비해 조르조 아감벤은 아주 강하게 그 혐의를 비판한다. 아감벤은 다음과 같이 말한다.

인권선언문은 자연 생명이 국민국가의 법적·정치적 질서 속에 기입되는 원초적인 형태를 대표한다. 구체제ancien régime하에서는 정치적 무관심의 대상이자 신에게 귀속되는 창조물의 생명이었으며, 고대 그리스 시대에는 조에로서 정치적 삶bios과는 (적어도 외견상으로는) 명백하게 구분되었던 바로 저 벌거벗은 생명bare life이 이제 국가구조 속으로 완전히 진입하게 되었으며, 더 나아가 심지어 국가의 정당성과 주권의 세속적 토대가 되었다. (Agamben, *Homo Sacer*, p.127)

그는 인간은 자유롭고 평등한 권리를 갖고 태어나 그 권리를 유지한다고 선언하는 순간은 바로 푸코적 의미에서 근대 생명정치의 서막이 열리는 순간이라고 말한다. 그는 존재를 조에Zoe와 비오스Bios로 구분하여 설명한다. 조에는 생물학적인 의미의 삶을 뜻한다. 그것은 모든 생명체들에 공통된 '단순히 살아 있다'는 사실을 표현한다. 반면 비오스는 사회·정치·문화의 맥락 속에서 규정되는 삶의 형식과 양식을 의미한다(Agamben, *Homo Sacre*, pp.1~2). 그것은 특정한 개체나 집단에 특유한 삶의 형식이나 방식이다. 조에의 영역이 '오이코스'oikos라면 비오스의 영역은 '폴리스'polis다. 그는 상류층을 제외한 거의 대부분의 사람들이 속한 조에가 비오스가 된 분기점이 바로「인간과 시민의 권리 선언」이라고 본다. 국가는 '벌거벗은 삶'이었던 조에에게 인간으로서의 권리를 갖게 하여 정치화함으로써 인간의 생명 자체를 통치의 대상으로 출현시켰다고 본다. 아감벤은 이때부터 국가는 조에로서의 생명을 정치화하고 규제하고 관리하는 주체가 되었다는 입장을『호모 사케르』에서 역설한다.

3. 근대 시민권의 특성과 한계

근대에 관한 대표적인 연구자 세 사람만을 보아도「인간과 시민의 권리 선언」에 대해 보다 깊이 들어가면 이렇게 차이를 보이는 주장을 하고 있음을 알 수 있다. 포크스와 홉스봄의 의견 중 어느 쪽이 맞는지를 밝히는 것은 영문학자인 나의 역량을 넘어선다. 아감벤의 경우는 명백하게 옳은 것으로 보이는 사안에 대해서도 이면을 바라볼 줄 아는 능력과 비판의 각을 예리하게 세우는 그의 특성이 부각된다.

이렇게 깊이 들어가면 이 선언의 의미가 복합적이지만, 「인간과 시민의 권리 선언」의 의의에 대해서는 그래도 의견이 모아져 있다. 홉스봄은 "1789년과 1917년 사이에 유럽의(또는 실로 세계의) 정치는 주로 1789년의 원칙들 또는 보다 선동적인 1793년의 원칙들에 대한 찬반을 둘러싼 투쟁이었다"라고 말한다(Hobsbawm, *The Age of Revolution*, p.74). 이는 1798년의 선언이 전 세계에 미친 영향이 얼마나 크고 얼마나 시대를 앞서간 주장인지를 보여 주는 언급이며, 이처럼 이 선언의 의의와 선진성에 대해서는 합의가 되어 있다. 프랑스는 이 선언으로 자유주의적이고 민주주의적인 정치 용어와 논점들을 제공했고 민주주의로는 최초의 위대한 실례, 개념 그리고 용어를 제공했다. 이것은 인간이 중세 봉건제후나 근세 군주의 신민이 아니라 주권을 가진 시민이라고 선언한다. 이 선언은 인간의 생명, 자유와 평등, 재산권과 참정권이 양도할 수 없는 인간의 기본 권리임을 밝힌다. 이 같은 인간의 권리가 그것을 발의한 부르주아나 중간계급까지 한정된 것이 아닌 국가의 영토 안의 모든 평민에게 다 평등하게 적용된다는 것이다.

실제로 이 선언대로 프랑스에서 바로 실시되지는 못했다. 인권 중 가장 명료하게 가시화될 수 있는 참정권만을 봐도 프랑스는 1848년 제2공화국에 이르러서야 보통선거권이 확립된다. 그리고 전근대의 시민권처럼 이 또한 지극히 젠더화되어 혁명의 보편주의는 여성을 배제하였다(Yuval-Davis, *Gender and Nation*, p.90). 하지만 다른 유럽 국가들이 이 원칙을 이루어 내기까지는 길고도 지난한 갈등과 투쟁이 제1차 세계대전 때까지 지속되었다는 점에서 「인간과 시민의 권리 선언」이 자유주의적 보편 인권을 제기한 선구적 문헌이라는 데는 의심의 여지가 없다.

근대 이전에는 시민이 된다는 것은 대부분의 사람들이 누릴 수 없었던 특권을 향유하는 것이었던 반면, 이 선언은 인간 모두가 시민임을 선언한다. 본디 '도시 거주자'나 '부르주아'를 지칭하던 시민이라는 용어가 이 선언에서는 '한 국가의 국민으로서의 시민'이라는 근대적 의미로 명료화된다. '인간'이 '시민'이 되고, '시민'이 '국민'이 되게 등치한 것은 매우 중대한 파장을 갖는다. 먼저 인간이 시민이 되는 것은 인간을 자의적인 불평등과 억압에 휘둘리지 않는 평등하고 자유로운 정치적 주체로서 인정하는 의미가 된다. 인간의 지위를 근대의 개인으로 고양시킨 것이다. 그와 동시에 시민을 국민으로 등치한 것은, 국민이어야만 인간적 존엄을 갖는 시민이 될 수 있다는 의미이고 국가의 경계 안의 사람만이 시민이 될 수 있다는 의미이다. 본래 시민이 가졌던 '정치적 인간'이나 '도시 거주자'나 '부르주아'라는 의미에서는 계급적·경제적인 제한을 담고 있되 반드시 그 나라의 국민이어야 한다는 의미는 담고 있지 않았다. 이는 근대에 이르기까지는 국가라는 개념 자체가 매우 유동적이었기 때문이기도 하다. 프랑스혁명 직후 인간의 인간적·정치적 지위를 명시하려는 포부에서 시작한 선언이 시민이라는 당시의 가장 선진적인 개념을 국가 안에 가둬 버리는 결과를 낳고 있다. 국민국가가 19세기 내내 더욱 강화되면서 배타적 공동체로서의 국가와 보편적 지위로서의 시민권 사이의 긴장 관계는 계속 팽창한다.

그러므로 근대 시민권의 형성은 국가의 형성과 맞물려 있다. 천부인권이라는 휘광이 벗겨져 나간 상황에서 국왕이 한 나라의 영토와 국민을 통치권 안에 확고히 두기 위해서라도, 자신들이 주권이라고 주장하기 시작하는 인민들에게 국가의 완벽한 성원임을 보장하는 시민권을 부여할 필요성은 대두되었다. 비록 국왕은 국민의 모든 성원이 시민권을 갖는 것은 결코 원하지 않았고 버틸 수 있을 때까지는 거부하려 했겠지만 시류는 그 방향으로 흐르고 있었다. 국왕은 인근 국가들의 침략에 대비하고 산업화와 도시화로 국력을 강화하기 위하여 국민을 한데 집결해야 할 필요성을 인식한다(Brubaker, *Citizenship and Nationhood in France and Germany*, p.23). 국가는 국민을 한데 묶을 집단적 정체성이 필요했고 그 정체성은 국민의 충성을 이끌어 낼 만큼 그들에게 우호적인 것이어야 했다. 자유롭고 보편적인 인권을 보장받을 수 있다는 시민권만큼 국민을 자발적으로 하나로 묶어 주는 제도는 없었다. 본디 국민국가 내부에서도 다양한 문화·지역·종족 사이에 차이가 있었다. 귀족과 평민들 간의 언어와 문화 격차는 한 나라 사람으로 묶을 수 없을 만큼 컸다. 모든 시민들을 자유롭고 동등한 구성원으로 대한다는 시민권은 매우 강한 국민 정체성을 형성했고 사회 통합의 토대가 되었다. 근대 국민국가는 시민권 제도를 보장했으며, 시민권 제도는 국민국가를 형성하고 유지하는 가장 중요한 제도가 되었다.

한 국가의 자유롭고 평등한 성원이라는 시민권은 시장에서 발생하는 문제를 해결하는 중요한 수단으로도 발전해 왔다. 즉 계급갈등의 분출을 방지하는 근대의 탁월한 이데올로기로도 작용한다. 시민법 연구의 시발자인 토머스 험프리 마셜은 1949년에 쓴 「시민권과 사회계급」에서 다 똑같은 시민이라는 주장을 통해 국가적 통합에 큰 기여를 한 근대 시민권이 과연 계급적 불평등을 완화시켰는가 하는 질문을 던진다(Marshall, "Citizenship and Social Class", p.5). 평등을 지향하는 시민권과 근본적으로 불평등한 제도인 자본주의가 어떻게 한 사회 안에서 별 무리 없이 같이 갈 수 있었는지를 숙고하는 것이다(p.9). 마셜은 평등을 지향하는 시민권 제도에도 불구하고 경제적 불평등은 여전히 존재하고 필요한 것으로 여겨졌다고 말한다. 그는 계급적 불평등이 사람들에게 노력을 하라는 자극과 인센티브로서의 역할을 한다는 점을 인정하다 하더라도 당시의 가난은 그냥 가난이 아닌 만연된 극빈 상태였으며, 빈민 제도는 사회적 권리라는 형태와는 거리가 먼, 불만 완화적인 원조 수준이었을 뿐임을 비판한다(p.19). 이렇게 상충점이 큰 데도 19세기 동안 시민권과 자본주의가 서로 그다지 충돌하지 않고 같이 발전할 수 있었던 것은 다음과 같은 이유 때문이라고 말한다.

그럼에도 불구하고 시민권은, 그 초기의 형태에서도 평등의 원리였고, 이 시기 동안 시민권이 발전적인 제도였다는 것은 사실이다. 모든 남성은 자유롭다는 것으로부터 시작하여 이론상으로는 남성들은 그러한 권리를 누릴 수 있었다. 또한 시민법은 그들이 누릴 수 있는 권리의 몸체들을 풍성하게 만들어 감으로써 커 갈 수도 있었다. 그러나 이러한 권리들은 자본주의 사회의 불평등과 갈등을 일으키지 않았다. 오히려 이들 권리들은 특정한 형태의 불평등을 유지해 나가는 데 필수적이었다. 이 단계의 시민권의 핵심은 시민적 권리civil rights로 이루어져 있었다는 데서 그 설명을 찾을 수 있다. 시민적 권리는 경제적 시장경제에 필수불가결한 것이다. 시민적 권리는 각각의 사람들에게 일종의 신분적 보장으로서, 경제적 투쟁에서 하나의 독립적인 개인으로 종사할 권한을 주었고, 개인들이 스스로를 보호할 수단을 갖추었다는 이유로 시민적 권리는 그들에게 사회적 보호를 제공하지도 않게 되었다. (p.19)

당시의 시민권은 인간의 자유와 평등과 재산권에 대한 권리를 보장한 시민적 권리에 중점을 둔 것인데, 그 권리는 사람들 각자가 가지고 싶어 하는 것을 향해 노력할 수 있는 권리를 부여한 것이지 그것의 소유를 보장해 주는 것은 아니다. 재산권은 재산을 소유할 수 있는 권리가 아니라 노력한다면 재산을 획득할 수 있는 권리이다. 이는 신분사회에 의해 대대로 축적되어 온 그 엄청난 불평등의 토대 위에서 개인이 노력하면 가질 수 있다는 그러한 이론상의 '평등'이다. 언론의 자유라는 권리도 인민들이 거의 교육을 받지 못한 당시 상황에서는 미미한 효력을 낼 뿐이다. 마셜은 교육이나 사회보장과 같은 사회적 권리social rights가 매우 미미한 상태에서 시민적 권리만을 공언한 형태인 당시의 시민권은, 자본주의를 정당화한 측면이 상당함을 말한다.

　　노동계급에게 문명화된 삶에 필요한 형식적 조건에로의 접근을 허용해 줌으로써 시민권은 자본주의가 낳은 불평등의식을 무마하는 효과가 확실히 있었다. 특히 프랑스와는 달리 영국에서는 재산이나 직업에 따라 남성에게 참정권을 단계적으로 확장하는데, 이 단계적 확장은 지배계층이 시민권을 통치 방식으로 크게 이용하고 있음을 보여 준다. 1832년 1차 선거법 개정으로 연간 10파운드의 세를 내는 성인 남자가 선거권을 갖게 되어 중류계급의 약 반수까지 선거권이 확대된다. 1867년 2차 개정으로 1년간 정주한 도시 노동자 대부분에게 선거권이 부여된다. 1884년 3차 개정으로 200만 농업 노동자에게도 확장되어 성인 남자 전체가 선거권자가 되었다(Altick, *Victorian People and Ideas*, pp.82~85). 열심히 노력하여 어느 정도 생활의 안정을 얻은 사람부터 선거권이 부여됨으로써 시민권은 자본주의 사회에 기여하는 사람에게 부여되는 인센티브처럼 전개되었다. 앞서 말한 것처럼 당시의 시민권이 주로 자유나 재산권 같은 시민적 권리에 치중되고 제도적 평등성을 꾀하는 사회적 권리를 등한시했던 것도 모두 같은 맥락이다. 공적 영역에서 배제되어 있던 여성들의 경우 정말 최고의 위기, 즉 세계대전이 발발하고 여성 인력의 필요성이 급증하고서야 정치가들의 투표권 부여 고려 대상으로 간주된다. 30세 이상의 여성에게 투표권을 부여하는 법은 1918년에야 통과된다.

시민권은 자유와 평등을 지향하는 사람들의 염원이 호출해 낸 법제도이다. 사회의 완전한 성원full membership이라는 표지인 시민권은 자유롭고 평등한 인간임을 법적으로 보장하기 때문이다. 고대로부터 근대로 오면서 시민권은 보다 더 보편적이고 평등주의적인 방향으로 확장되어 왔다. 고대의 시민은 법을 집행하고 행정에 참여하는 자였던 것에서 근대의 시민은 자국에 사는 대부분의 성인 남자를 포함하는 것으로 확장되었다. 시민권이 어디까지 확장되었고 시민권의 구체적인 권리들이 어느 정도나 실현되었고 그 시대의 시민권이 평등의 원칙과 위배되지 않는지를 부단하게 조명하는 이유는 시민권이 인간으로서의 권리인 인권을 실천하는 법이기 때문이다. 최현은 인권은 모든 인간이 마땅히 가져야 하는 보편적 가치이지만 인권을 '하늘이 부여한 권리'로 현실보다 높은 위치에 방치해 두지 않으려면 시민권을 통해 인권을 실현해야 한다고 지적한다(최현, 『인권』, 11쪽). 역사가 기록되기 시작한 이래로 시민권이 각각의 정치체와 사람들 모두에게 그렇게 큰 호소력을 지녀 온 것은 인권의 실현을 위해 기댈 현실적 제도는 시민권일 거라고 간주하기 때문이다. 자유와 평등에 근거한 인권의 실현을 보장해 줄 수 있는 다른 법적 장치가 있는지를 학자들은 부단히 연구해 왔지만 아직까지는 시민권을 대체할 만한 어떤 이념어를 합의적으로 제시하지는 못하고 있다. 현시대에 시민권의 확장 내지 분화에 대한 논의가 더욱 관심을 끄는 이유가 여기에 있다.

4. 자본주의와 디아스포라의 산포

디아스포라는 기원전 607년 이스라엘에서 바빌론 사람들에게 쫓겨 났던 유대인들을 지칭하는, 성서적 기원을 가지고 있는 용어이다. 현재도 첫글자를 대문자로 쓸 때에는 바빌로니아로 강제 이주를 당한 유대인들을 특정하게 지칭한다. 히브리 성서가 고대 그리스어로 번역되면서 그리스인들이 소아시아와 지중해 연안을 무력으로 정복하고 식민지로 삼은 뒤 그곳으로 자국민을 이주시키면서 이들 이주민을 디아스포라라고 칭하였다(윤인진, 『코리안 디아스포라』, 5쪽). 디아스포라는 '흩어진 자들' 또는 '산포된 자들'이라는 의미를 가지게 되었다. 우리말로는 흔히 '이산'이라고 번역되며, 또는 '산포'라고도 번역할 수 있다. '이산'이라 하면 고국으로부터 떼어져 나오는 아픈 경험과 피해자적인 뉘앙스를 함축하고, '산포'라고 하면 이유가 무엇이든 고국으로부터 분리되어 다른 나라로 이주하여 널리 퍼져 뿌리를 내리고 산다는 뉘앙스를 함축하고 있다.

서구에서 16세기경 즈음에는 군주와 농노라는 신분적 구속에 근거한 봉건적 생산체제가 자본과 노동 간의 물질적 기반에 근거한 자본주의 체제로 변화하기 시작한다. 자본이 일단 세계의 주도권을 잡게 되면서 세계의 방향성은 더할 나위 없이 분명해진다. 자본이 주도하는 세계는 더 많은 이윤을 남기려는 자폐적인 방향성으로 치닫는다. 자본가는 최대한으로 생산하고 최대한으로 이윤을 남기며 팔고 여기서 남긴 이윤은 재투자하여 더 큰 이윤을 노려야 한다. 자본가는 도시에서부터 농촌으로 뻗어 나가며 헐값으로 땅을 사들이고 대량으로 농지를 개간하거나 혹은 농지를 밀고 공장을 세운다. 자본가의 팽창욕은 자신의 나라의 국경을 훌쩍 뛰어넘는다. 경계에 빈틈을 보이거나 더 가난한 나라는 이들 자본가들이 득세한 나라의 먹잇감이 되고, 이것이 앞으로 몇 세기에 걸쳐 계속될 약육강식의 제국주의 시대의 시작이다.

자본주의가 성립된 16세기부터 19세기에 이르기까지 서구는 노동력의 공급 부족을 경험한다. 역사상 유례없는 엄청난 양의 생산이 이루어졌고, 생산 및 개발의 현장에는 육체적 노동을 담당할 수많은 인력이 필요하였다. 특히 유럽에 의해 처음 세상에 알려지고 유럽인들이 이주해 가서 살기 시작한 미국의 발전 상황은 노동력의 부족과 노예제도의 시작의 연결고리를 드러내 보여 준다. 유럽 상인들이 미국 식민지로 진출한 것은 유럽 자본의 식민지로의 투자를 의미한다. 그들은 미국에서 광산과 플랜테이션 농장을 대규모로 개발해 갔는데, 이는 곧 갑부가 되는 길이었다. 하지만 그 많은 노동력을 유럽에서 충당할 수는 없었고, 더군다나 유럽에서는 자국민의 해외 이주를 금지하는 중상주의적 인구정책을 시행하고 있었기 때문에 이는 더더욱 용이치 않았다(설동훈, 『노동력의 국제이동』, 76쪽). 유럽인 이외의 노동력의 원천이 필요한 상황에서 이들은 아메리카 인디언에게 강제 노역을 부과하기도 했지만 노동력은 여전히 턱없이 부족했다. 그 돌파구를 노예무역에서 찾은 것은 자본주의와 제국주의의 와중에 있던 그 시대의 예정된 행보였다.

노동력의 대상으로 무력과 착취에 취약한 아프리카인들이 선택되었다. 16세기부터 유럽의 자본이 미국에 진출하여 노예무역이 새롭게 전개되었고 급기야 1607년에 영국 식민지인 미국에 노예제도가 본격적으로 실시되었다. 수많은 노예들이 아프리카에서 잡혀서 미국의 목화 농장으로 끌려가 집단 사육되며 가축처럼 부려졌다. 노예제도는 18세기에 보편화되었고 19세기 중엽까지 번창하였다. 아프리카로부터 이동한 노예 수가 18세기에만 600만 명에 달하였다 한다. 결국 수천만 명이 넘는 흑인들이 아프리카의 고향에서 밧줄로 묶인 채 배에 실려 미국과 유럽으로 팔려 나갔다. 흑인들이 미국과 유럽에 집단적으로 산포된 것은 인간으로서가 아닌 순전히 노동력으로서 사용되기 위해 고향으로부터 뿌리 뽑혀 이탈하는 경험의 일환이었다. 이 제도에 의한 흑인 디아스포라는 이처럼 잔혹하게 300년 넘게 지속되었다.

노예 해방의 역사는 영국에서 먼저 시작되었다. 1834년 영국은 식민지를 포함한 모든 대영제국 땅에서 노예제도를 폐지했고, 미국에서는 1863년 링컨이 노예 해방 선언을 한 이후에야 노예제도가 공식적으로 사라졌다. 노예제도의 폐지와 그에 따른 노예 해방은 인권의 발전사이며 인간성의 승리로 기록되곤 한다. 하지만 노예제도가 폐지될 수 있었던 근거를 보다 들어가 보면 그 폐지 또한 자본주의의 노정 위에 놓여 있었음을 보게 된다. 노예제도의 폐지는 당시 부각되기 시작한 정치적 자유주의와 인권에 대한 강조에 어느 정도 영향받은 것도 사실이지만, 노예제도가 당시의 자본주의의 발전 단계에서는 더 이상 수지맞는 제도가 아니었기 때문이기도 했다. 만일 당시의 자본주의의 단계에서 노예제도가 여전히 수지맞는 제도였다면 노예 해방은 필경 더 늦추어졌을 것이다. 18세기 후반까지는 중상주의적 자본주의 단계로서 자국의 국부를 강화하는 데 집중한 시기였다. 원시적 축적의 시기인 중상주의 단계에서 국가는 생산성을 높이고 상품을 팔 해외시장을 확보하고 노동력과 자원의 유출을 막으며 외국의 원자재를 다량 착취해 오는 데 노력을 경주하였다. 필요하다면 아프리카에 가서 닥치는 대로 흑인을 잡아다가 노예로 사용해야겠다는 사고방식은 중상주의의 정책과 맥이 닿아 있는 것이다. 점차 노예를 공급받는 비용이 상승하고 노예를 통제하기 위한 부담과 비용이 증가하자 노예제도를 통한 이윤은 줄어들게 된다. 더군다나 그토록 비난의 화살을 맞아 가며 노예를 고집하지 않고서도 이를 대체할 수 있을 만큼의 노동력이 창출되고 있었다.

유럽과 미국의 엄청난 자본이 세계 곳곳의 식민지로 투자되어 식민지를 착취하고 왜곡되게 개발하면서 식민지 곳곳에 난민들이 대량으로 발생하고 있었다. 제국이 토지와 곡식을 수탈하면서 식민지에는 농촌에서 농사지으며 살던 전통적인 생활방식이 더 이상 허용되지 않는 사람들이 속출하게 된다. 전통적 생산방식에서는 사람들이 임금노동자로 고용되지 않더라도 가사 일을 하며 텃밭을 일구거나, 다른 사람의 밭을 경작해 주거나 산에서 땔감을 하면서도 생계를 이어 갈 수 있었다(Williams, *The Country and the City*, p.128). 전통사회에서는 자신의 노동력을 하나의 상품으로 팔지 않아도 그들의 생계를 유지할 수 있는 방식이 그래도 존재했다. 자본주의적 생산 양식이 확대되거나 심지어는 서구의 식민지가 되어 버려 왜곡된 발전의 틀 속에 들어간 나라에서는 이들 경제적 기반이 허약한 사람들은 임금노동자로 전락한다. "자본주의 역사는 중심부 자본이 주변부 사회의 전통적 생존 경제, 즉 전前자본주의적 경제를 시장의 힘 혹은 물리적 폭력으로 파괴하고 그 인구를 프롤레타리아트화시킨 사례로 점철된다"(설동훈, 『노동력의 국제이동』, 17쪽). 농촌을 떠나온 난민과 유랑민들은 도시의 임금노동자가 되기도 하고 모국을 떠나 노동력을 필요로 하는 더 발전한 나라들로 떠나게 된다.

19세기 중반에 노예 노동력을 대체한 것은 유럽인 이민자로 대표되는 '자유로운' 노동자거나 중국인과 인도인이 태반인 계약노동자였다. 영국과 미국으로 이주하여 힘겨운 육체노동을 담당한 유럽의 대표적인 노동자들은 아일랜드 출신들이었다. 영국의 자본이 아일랜드로 유입되어 착취적 개발과 수탈을 하면서 많은 아일랜드인들이 영국이나 미국으로 이주하여 급박한 노동력을 채워 주게 된다(엥겔스, 『영국 노동자계급의 상태』, 110쪽). 영어에서 디아스포라라는 단어가 처음 사용된 기록은 1876년의 아일랜드 기근으로 인한 유랑자를 지칭하면서였다고 한다. 영국의 식민지로서 자본주의의 착취를 극도로 겪던 아일랜드인들의 이주는 디아스포라라는 용어를 영어화시킬 만큼 대규모적이었다. 이들은 미국의 빈민가로 대규모로 들어가 백인 하층 노동계급을 형성하였다.

피부색이 다른 아시아인들의 경우에는 미국으로의 이주 조건이

유럽인의 경우보다 훨씬 강제적이고 열악했다. 서구 자본주의와 제국주의의 포화를 맞은 중국인과 인도인이 맨 먼저 국제적 노동시장으로 떠나기 시작하는데, 이들은 쿨리Coolie로 상징되는 계약노동자로서 미국과 하와이에 들어갔다. 1830년대에서 1930년대에 걸쳐 이루어진 인도인과 중국인의 쿨리 교역 규모는 3,700만 명에 이른다 한다. 이 수는 신대륙으로 이주한 유럽인의 이민자 수보다도 더 많다. 쿨리는 계약노동자로서 인력 충원업자에 의해 모집되어 선불금과 이동 비용을 빌미로 고용주에게 팔아넘겨진다. 그들은 고용주에게 진 빚을 상환하기 위해 계약노동을 해야 했으며, 하와이의 사탕수수 농장이나 서부의 철도 공사장 등 가장 힘든 노동 현장에 투입되었다. 대영제국의 노예제도 폐지 이후 인도인들은 미국만이 아니라 세계 곳곳으로 대거 이주하였다. 인도인 쿨리는 카리브해 지역, 유럽의 식민지였던 버마, 말레이시아, 인도네시아 등으로 송출되었다. 중국인들은 1840년대 개항 이후 특히 1840~1850년대의 경제불황과 태평천국의 난을 계기로 미국과 남아메리카로 대거 이주하였다(설동훈, 『노동력의 국제이동』, 82~90쪽). 미개발 국가나 식민지였던 나라들에서 노동력이 무제한 공급되는 상황이어서 쿨리들의 임금은 매우 낮았고, 처우도 열악했다. 19세기 중엽에 가난한 식민지 국가로부터 강력한 자본국으로의 쿨리들의 대규모 이동은 외형상으로는 노동자 자신이 선택한 이주이지만 실질적으로는 중심부 자본의 주도하에 이루어진 이주였던 것이다.

　미국은 자본주의의 폭발적인 팽창과 서부 개발에 따른 극심한 부족한 노동력을 메우기 위해 여러 법적 절차를 만들고 수정한다. 1844년 미국은 중국과 통상을 개시하고 규제하는 조약을 체결하였고, 중국인도 다른 나라 출신의 이민자와 마찬가지로 미국 시민권을 취득할 수 있는 것으로 간주하였다. 1868년 조약은 시민권 취득이 가능함을 명문화하면서 대신 중국에게 미국 상품에 대한 문호 개방과 중국인의 해외 송출을 약속받았다. 그러나 미국은 1882년 '중국인 배제법'Chinese Exclusion Act으로 이를 번복하여 중국인의 이민을 중지시킨다(Lowe, *Immigrant Acts*, pp.7~20). 그 일차적 배경에는 경제적 이유가 있었다. 미국에 정착한 중국인의 수가 10만 명을 넘어서자 미국 당국은 중국인의 세력화와 이에 따른 임금 상승이 염려되기 시작했고, 이에 일본인이나 필리핀인 등 다른 아시아인들을 들어오게 함으로써 이를 견제하고자 했다. 중국인을 더 이상 들어오지 못하게 하는 대신 1885년부터 일본인 쿨리를 수입하였다. 하와이의 사탕수수 농장과 서부의 건설 현장은 일본인들로 빠르게 채워졌다. 1920년대까지 일본인 약 20만 명이 하와이로 이주해 왔다. 그러다가 일본인 수가 많아지면서 파업이 발생하는 등 노동 통제에 어려움을 겪게 되자 조선인 노동자를 충원하기 시작하여 1903년에서 1905년 사이에 7,000여 명을 하와이로 들어오게 한다(Chang and Patterson, *The Koreans in Hawai'i*, p.2). 미국은 이처럼 파업 억제와 임금 인하를 위해 같은 민족의 수가 너무 많아지지 않도록 아시아의 여러 나라에서 노동자들을 들여왔다. 이러던 것도 1924년에 개정된 이민법에 의해 아시아의 거의 모든 나라, 특히 중국·일본·한국으로부터의 이민은 약 40년 넘게 금지되기에 이른다.

국가 발전을 위해서는 아시아로부터의 노동력 유입이 절대적으로 필요했음에도 아시아인들이 유입되기 시작한 지 약 50년 만에 아시아인들의 입국을 전면 금지한 것은 '황색 위험'Yellow Peril과 연관되어 있다. 경제적으로나 국가정체성 면에서 황인종에 대한 혐오와 두려움이 원색적으로 일어났기 때문이다. 경제적 측면에서는 아시아 노동자들이 백인 유럽 이민자의 노동을 대체하는 위협 요소가 될 수 있다며 백인 국수주의자들의 반발이 점점 커 갔다. 아시아계 노동자의 수가 너무 많아지거나 이들이 너무 많은 자본을 축적하는 것은 아닐까 우려하는 목소리도 높아졌다. 경제적인 우려는 실보다는 득이 그래도 훨씬 많았으므로 결정적인 것은 아니었다. 무엇보다 문제가 되는 것은 아시아의 노동자들은 이질적인 황인종이라는 점이었다. 미국 주류 사회는 이질적인 '이방인'alien이 어느새 미국 시민임을 요구하는 상황 앞에서 미국의 시민권의 '순수성'이 더럽혀질 것을 우려하였다. "다른 해안에서 온 낯선 자들이 '명백한 운명'manifest destiny이라는 필연적 성취를 거스르며 앵글로색슨의 순수성을 더럽히는 것 같아" 이들을 배제하는 법적 조치를 요구하는 분위기가 들끓기 시작했다(Li, *Imaging the Nation*, p.2).

이러한 목적을 이루기 위한 법적 조치가 이민법이다. 리사 로는 미국의 이민법은 사실상 아시아계 이민의 유입과 배제라는 매우 모순적인 조치를 규정하기 위한 법이었다고 말한다. 아시아 노동자들을 국가 안으로 마지못해 포함시키면서도 자신들의 본토로 돌아가야 마땅할 '모순되고 이질적인 성분'으로 보았던 미국은 아시아인들을 받아들였다가 금지한 50여 년 동안 여러 번의 이민법 개정을 통해 아시아인들을 배척하였다. 약속했던 시민권을 안 주게 하는 법은 물론, 미국에서 태어나 시민권을 받은 사람이 아시아인과 결혼하면 시민권을 박탈하는 법, 아시아인들의 재산권을 제한하는 법, 급기야 아시아인들이 미국 땅에 발을 붙이지도 못하게 하는 법을 만들어서 악화를 구축하였다.

이 시기의 미국은 자본의 명령과 국가 정체성의 명령 사이의 패러독스를 극명하게 보여 준다. 자본은 자본을 창출하는 노동력의 근원이 무엇인가를 묻지 말고 노동력을 추상적인 노동으로 물신화해야 자본의 극대화를 꾀할 수 있다고 말한다. 아시아 노동자들을 미국이 들어오게 한 것은 그러한 자본의 명령을 따른 행위이다. 그런데 국가 정체성은 다른 것을 요구한다. 국가는 정치 영역에 참여하고 통합된 문화를 이루어 줄 특정 시민을 필요로 하고, 이 시민들의 특정 인종과 언어와 문화로 미국의 정체성을 만들고자 한다. 미국의 순수한 국가적 정체성의 기준은 인종으로 모아진다. 유럽계의 앵글로색슨을 중심으로 한 '이상적 시민'으로 미국을 형성하려는 배타적인 국가 의지가 미국 안에 지속적으로 작용한다.

자본주의가 낳은 불균등 발전 현상이 세계 곳곳에서 집단적인 디아스포라를 유발하고 이들 디아스포라들의 산포 덕택에 미국은 적시에 다량의 노동력을 공급받아 국가 발전을 이룩한다. 노동력의 갈증을 일단 해소한 다음 미국은 아시아인들을 미국 시민이 될 수 없

는 사람으로 규정하며 배척하는 일련의 작업을 실시한다. 자본주의
와 디아스포라의 산포, 가난한 나라에서 온 사람들을 노동력으로만
인정하고 시민이 될 수 없게 배제하는 역사는 비단 20세기 초만의 이
야기는 아니다. 이제는 을이 아닌 갑의 입장에서 한국도 이주노동자
들에게 똑같은 패러독스를 행하고 있기 때문이다..

　　지금까지 인권을 실천하는 현실법인 시민권이 외부인인 이주
자에 대한 불이익에 근간하고 있음과 자본주의의 가속적 진행이 그
러한 취약한 이주자들을 계속 유발하고 있음을 살펴보았다. 이어지
는 다섯 개 장에서는 이러한 역사적·경제적 사실을 기반으로 경계인
들이 겪는 정체성의 갈등과 생존을 위한 동화, 번역되지 않는 이들을
위한 문화번역 등의 고군분투를 문학작품을 통해 살펴보고자 한다.

2장

모국과 이주국 사이에 끼이다
존 오카다의 『노노 보이』

1. 1940년대 일본계 미국인의 강제 수용

미국에 이민 온 일본인 1세와 이후 미국에서 태어난 일본인 2세는 1940년대에 세계사에 길이 기억될 만한 부당한 경험을 한다. 모국인 일본과 이주국인 미국 사이의 전쟁으로 인하여 미국에서 인질이 되어 버린 것이다. 1940년대 일본계 미국인의 비극은 일본인 아니면 미국인이라는 단일한 국민성을 선명하게 드러내기를 요구하던 시대의 비극이다.

제2차 세계대전이 일어날 즈음에 일본과 미국은 태평양을 사이에 두고 동남아시아로의 세력 확장과 이에 대한 견제로 서로 팽팽히 맞서고 있었다. 동남아 일대를 무섭게 점령해 나가는 일본에 맞서 미국은 대규모 함대를 하와이의 진주만으로 이동시켰고, 석유와 철강 등의 물자가 일본에 들어가지 못하도록 금수 조치를 취하였다. 미국과의 충돌을 피할 수 없다고 판단한 일본은 1941년 12월 7일 진주만을 기습 공격한다. 공격을 받은 미국의 군사·정치 지도자들은 일본이 미국 서부 해안을 곧 총공격하려고 준비하고 있다고 의심하였다. 일본이 당시 5년여 사이에 아시아와 태평양의 넓은 땅을 짧은 시일 내에 정복해 나갔기 때문에 그런 의심은 신빙성 있게 느껴졌다. 일본과의 전면전에 앞서 미국은 집안 단속부터 나섰다. 미국 정부는 일본인 이민자나 그 자손 중에 모국인 일본의 스파이 활동을 하는 자는 없는지에 대한 색출 작업이 필요하다고 보았다. 보다 본능적으로는 자신들을 공격한 일본에 대한 분풀이 대상이 당장 필요했다.

프랭클린 루스벨트 대통령은 1942년 2월 19일 행정명령9066을 발령하여 서부 해안에 살고 있던 일본인 자손들로 하여금 현 거주지를 떠나 지정된 수용소로 이동하여 집단 거주하게 한다. 당시 미국 대륙에 살고 있던 12만 7,000명의 일본계 미국인 가운데 11만 2,000명이 서부 해안지역에 살고 있었는데(Okihiro, *The Columbia Guide to Asian American History*, p.104), 태평양 해안과 캘리포니아 전역, 오레곤, 워싱턴, 애리조나에서 쫓겨나 수용소에 간 일본계 미국인이 11만 명 이었다 하니 거의 전부라고 해도 과언이 아니었다. 수용자 중 62%는 미국에서 태어난 미국 시민권자였다.

일본계 미국인들의 충성심에 대한 의심은 어떤 실제 간첩 활동의 증거가 있어서라기보다는 인종적 편견에서 더 나왔다. 일본인 강제 수용 프로그램Evacuation and Internment Program을 총괄하던 서부 군사령관 존 더윗은 신문에 「일본놈은 일본놈일 뿐이다」A Jap's a Jap라는 기사를 썼다.

나는 그들[일본계 후손들]이 여기에 없기를 원한다. 그들은 위험 분자들이다. 그들의 충성심을 확증할 방법은 없다. …… 그가 미국 시민권자라 할지라도 여전히 일본인이라는 것을 바꿔 놓지는 않는다. 미국 시민권자라는 것이 그들의 충성심을 보장해 주지는 않는다. …… 그들을 지도상에서 완전히 쓸어 내기 전에는 우리는 절대 일본인에 대해 안심해서는 안 된다. (Mullen, "DeWitt Attitude on Japs Upsets Plans", p.1에서 재인용)

캘리포니아 이민국은 일본계 미국인들이 음흉하고 "전혀 동화될 수 없는" 인종들이라는 보도글을 신문사들에 보내며 일본인 강제 수용을 동조하는 여론을 조성하였다. 수용 조치가 군사적 필요성에서라기보다는 인종적 동기에서 이루어졌음을 뒷받침하는 증거들은 많다. 일본인의 피가 16분의 1이라도 섞였으면 공식적으로 수용소에 들어가야 했다. 부모가 확실치 않은 고아의 경우, 일본인 피가 한 방울이라도 들어 있다고 의심되면 이 프로그램에 포함되었다 한다.

인종적 혐오는 영어도 할 줄 몰라 열등해 보이는 황인종에 대한 멸시에서 나온다. 인종적 혐오는 또한 열심히 사는 일본인들로 인해 경쟁에서 뒤처지게 된 일부 백인들의 피해의식에서도 나온다. 일반 시민들이 이 수용소 프로그램에 호응한 데는 자신들이 반사적으로 얻게 될 물질적인 이익이 크게 작용했다. 야채 운송업자였던 한 백인은 1942년 한 신문에서 다음과 같이 말했다. "우리는 이기적인 이유에서 일본놈들을 제거하고 싶은 마음으로 꽉 차 있었다. 우리는 그랬다. 그것은 태평안 연안에 백인이 사느냐 황인종이 사느냐의 문제였다. 그들은 이 계곡에 일하러 왔다가 체류하며 독차지하기 시작했다"(Ng, *Japanese American Internment During World War II*, pp.15~16에서 재인용). 일본계 미국인들은 모국과 이주국 사이에 끼이는 기구한 처지에 놓이면서, 미국 정부와 군사령부와 일반인이 노골적으로 드러내는 극악한 인종적 혐오의 희생양이 된다.

2. 정체성을 강요당한 자들

존 오카다가 1957년에 쓴 『노노 보이』는 징병을 거부한 일본계 미국인 2세의 좌절과 혼란을 그리고 있다. 서부의 일본계 미국인 거의 대부분을 내륙 오지의 수용소로 이주시킨 미국 정부는 1943년에 또다시 스스로의 모순성을 드러내는 조치를 취한다. 일본계 미국인들을 믿지 못해서 집단 수용했던 미국이 전쟁을 수행할 전투 인력이 부족해지자 17세 이상의 일본계 젊은이들에게 입영을 선택하도록 강요한 것이다. 미국 정부와 군사령부는 입영 조치의 명분으로 병력 보충이라는 군사적 이유를 내세웠지만, 수용소 조치와 마찬가지로 숨겨져 있는 더 큰 이유는 일본인 혐오였다.

　　일본계 젊은이에게 입영 선택이라는 것은 말이 선택이었지 입영을 거부하면 바로 감옥행이었다는 점에서 사실상 선택권은 없었다. 운명을 결정지을 민감한 질문은 다음 두 가지였다. 즉 "당신은 어디든지 명령을 받는 대로 미국 군대에서 복무하겠습니까?" 그리고

"당신은 미국에 무조건적인 충성을 맹세하고 내부나 외부로부터의 어떤 공격으로부터도 미국을 방어하며, 일본 천황이나 외국의 정부, 권력, 조직에 결코 복종하거나 순응하지 않을 것을 맹세합니까?" 일본계 2세, 즉 니세이Nisei들은 이 두 개의 질문에서 '예스'를 하느냐 '노'를 하느냐에 따라 군대냐 감방이냐가 결정되는 기가 막힌 운명에 놓이게 된다. 심문을 받은 2만 1,000여 명 중 4,600여 명이 '노'라고 대답하거나 답변하지 않음으로써 재판장에서 병역기피범으로 확정되어 감옥에 수감되었다(Ling, "Race, Power, and Cultural Politics in John Okada's *No-No Boy*", pp.359~360). 미국 군법은 일본계 미국인들을 한동안은 일본의 스파이로 의심하여 지정된 수용소를 벗어나지 못하도록 하다가 갑자기 돌변하여 미국의 전투 병력으로 자원하라고 했다가 다음 순간에는 거절하면 병역기피죄로 감옥에 가두어버리는 모순적인 조치를 취하였다.

『노노 보이』는 자신의 한 부분을 말살하라는 불가능한 위치로 내몰렸던 전후 일본인, 나아가 소수민족에 대한 이분법적 체계의 파괴적 속성을 여실히 드러낸다. 일본인임을 유지하면서도 미국인이 될 수 있다는 생각은 절대 받아들여지지 않던 시대가 그려진다. 두 나라에 겹쳐 있는 사이의 존재는 인정받지 못하고 우리가 아니면 적으로 낙인찍히는 상황이다. 이 소설에서는 모국에 우호적이면 미국의 스파이로 의심받고 미국에 충성한다면 전쟁에 나가 일본군과 싸워야 하는, 선택 아닌 선택을 강요받은 자들의 좌절과 혼란이 그려진다. 그런 강요된 양자택일 속에서 떠나온 모국에의 충성 쪽을 선택한 자는 왜 그러하며, 자신을 한없이 부당하게 대하는 미국의 요구를 받아들이는 자는 왜 그 길을 택하는가. 더구나 소설은 경직된 시대가 일본계에게 요구하는 양자택일의 두 모습인 참전자와 비참전자가 종전 후 다시 만나는 곳은 여전히 미국 시민으로 받아들여지지 않는 게토화된 사회임을 그려낸다. 미국은 자국민인 일본계 미국인들을 궁지로 몰아넣어 양자택일을 하게 만들었고, 그들은 그렇게 힘겹게 그 선택의 결과를 치렀건만 결국 어느 쪽을 택한 사람이건 여전히 미국이 쌓아 놓은 경계를 넘지 못하고 주변에 머문다.

소설은 주인공 이치로 야마다Ichiro Yamada가 위의 두 항목에 모두 '노'라고 답함으로써 2년 동안 수감되었다가 시애틀의 집으로 돌아오면서 시작한다. 4년 동안 팽개쳐 있던 마을에는 오물이 널려 있고 담마다 욕설이 쓰여 있다. 그는 미국에 대한 충성을 묻는 두 개의 질문 모두에 부정으로 대답함으로써 '노노 보이'가 되었지만 소설 시작 시점의 그는 그런 결정을 후회하며 어떻게 과오를 씻을 수 있을까 고민한다. "겁에 질릴 정도로 무서운 광기의 순간"(Okada, *No-No Boy*, p.51)에 자신의 미국성을 철회해 버린 것을 구제할 길은 없는지 생각하며, 사람들이 빨리 잊어 줌으로써 자신을 용서하기를 바라기도 한다. 또한 자신이 결정적 순간에 '노'라고 한 것은 어머니 탓이 아니었나 생각하며 어머니를 원망하기도 한다. 실제 이 소설에서 어머니는 일본에 대한 애국심을 가장 강하게 고집한다. 어머니는 참전 대신 감옥살이를 한 이치로를 자랑스러워하며, 아들이 참전을 선택한 친지의 집에 데려가서 은근히 그들을 비판하기도 한다. 어머니는 어린 시절 이치로가 미국의 팝 음악이나 문화를 좋아하는 것까지 금지하고 이치로가 친구에게서 빌려온 전축을 부수어 버린 적도 있다. 일본이 패전했다는 신문의 보도도 미국의 거짓말이라며 믿지 않고 있다가 결국 더 이상 진실을 외면할 수 없는 순간이 오자 스스로 생을 마감한다.

고국에 대한 이치로의 어머니의 집착은 지나치게 현실 부적응적인 경직성으로 보이지만, 그녀가 자살을 선택하는 지점에 이르면 그녀로 하여금 그토록 미국에 마음을 주지 못하게 한 게 무엇이었나를 되돌아보게 만든다. 어머니가 미국에 대한 그러한 불신과 미움을 가지게 되기까지에는 동양인, 특히 서부에 집중적으로 몰려 있던 일본인에 대한 끈질긴 배척의 역사가 있어 왔다. 1905년 캘리포니아주는 '잡혼금지법'Anti-miscegenation Law을 만들어 백인종과 황인종 간의 결혼을 금지한다. 1906년 샌프란시스코 교육부는 백인 학생들을 일본계와 분리시켜 교육해야 한다는 법을 만들어, 상당수가 시민권자이던 그 지역의 일본계 2세들을 먼 곳에 있는 차이나타운의 학교에 다니도록 하였다. 1910년대 '외국인토지법'Alien Land Law은 비시민권자들은 아무리 미국에서 오래 살았더라도 토지를 소유하는 것을 금하였다. 또 1924년의 '오리엔탈 배제법'Oriental Exclusion Law은 일본 이민자가 시민권을 획득하는 것을 원칙적으로 금지하였다(Leupp, *Interracial Intimacy in Japan*, pp.216~217). 이치로의 부모는 미국으로 이민 온 지 몇십 년이 지났지만 시민권자가 될 수 없었고, 미국에서 태어난 시민권자인 아들 둘 역시 미국 정부의 변덕에 따라 어느 순간 시민이 아니게 될 수도 있음을 누누이 지켜본 이들이다. 실제로 아들들은 비시민권자인 부모와 마찬가지로 전쟁 동안 캠프에 수용되고 감옥에 수감되어 어머니의 불신이 그르지 않았음을 보여 준다.

자신이 '노'라고 대답한 것을 어머니 탓이라고 말하고 '노노 보이'가 된 것에 죄의식을 느끼는 앞부분의 이치로의 상태는 그러므로 오히려 그의 인식이 아직 성숙하지 못했음을 보여 주는 것이다. 오히려 이치로의 진정한 성장은 자신이 노노 보이가 된 것에 대한 죄의식을 극복하는 것이라 할 수 있다. 이치로는 미국에 대한 충성을 묻는 질문을 받을 당시에는 두려움과 분노로 답변도 제대로 하지 못했지만, 재판관 앞에서 변론하는 장면을 회상하면서는 미국의 부당함을 문제 제기한다. 그는 미국 정부가 같은 적국임에도 독일과 이탈리아 출신 이민자는 격리 조치하지 않고 유독 일본 이민자에게만 편파적으로 법을 적용했다고 생각한다. 그는 수용소로 일본인을 강제 이주시킨 것은 일본계 미국인들의 커져 가는 경제력을 막고 백인들의 사업을 보호하려는 의도였다고 의심한다. 또 삶의 터전으로부터 그들을 떼낼 정도로 적국인 취급을 하다가 정부가 징집을 명령하는 것은 자기모순이라는 항의도 속으로 한다(Okada, *No-No Boy*, pp.152~153). 이 같은 모순에 대한 반발심이 전쟁 내내 이치로의 마음을 휘감고 괴롭혔을 것이다. 그리고 이치로가 어머니를 가해자로 보는 것이 아니라 자신과 마찬가지의 피해자로 보게 된다면 그것이야말로 성장일 것이다.

분노의 감정을 뚫고 후회와 연민의 갑작스런 느낌이 타고 올라왔다. 그것은 그로 하여금 그녀를 품 안에 안고 달래 주고 싶은 마음이 들게 하는, 불편하고 죄의식을 느끼게 하는 감각이었다. 왜냐하면 그는 일단 시작해서 영원히 지속될 일본적인 영혼의 병이 그녀의 정신을 파괴하기 시작했음을 알 수 있었기 때문이다. 옳건 그르건 그녀는 자기 방식대로 그에게 좋은 어머니가 되기 위해 대부분의 다른 어머니들보다 더욱 애썼었다. 일이 제대로 되지 않아 한때는 너무나 실현 가능했던 꿈들이 광기, 미국 내의 일본인들의 변화된 지위의 견지에서만 광기라고 볼 수 있는 광기로 바뀌어 버렸다는 것이 큰 문제란 말인가? 자신과 자신의 아들들을 의심 없이 받아들이기를 여러 번 거부했던 그 나라를 받아들일 수 없었던 그녀가 잘못되고 미친 것인가, 아니면 겐지처럼, 믿었고, 싸웠고 심지어는 그 보이지 않는 벽 때문에 그들을 여전히 일급의 시민으로 자리매김하지 않는 이 나라를 지키기 위해 생명까지도 내놓은 다른 이들이 속고 있는 것인가? (p.104)

위의 인용문이 보여 주듯 이치로는 어느 시점부터는 일본계 미국인에 대한 미국 정부의 부당함, 번번이 계속되는 미국의 부당한 대우가 만들어 낸 어머니의 경직된 국수주의, 미국에 대한 분노에서 나온 자신의 충성 맹세 거부를 모두 연결 지어 생각한다. 그렇다고 그의 이러한 생각이 의식적이고 분명한 신념으로 표명되지는 않으며 더군다나 어떤 실천으로 이어지지도 않는다. 이것이 『노노 보이』의 분명한 특징이다. 미국이 자신들에게 그렇게 잘못했으니 미국을 계속 거부하거나 저항하는 것이 정의 면에서는 맞는 길일 수 있다. 가해자가 반성하지도 않는데 용서해 준다거나 그냥 주류 사회에 순응해 들어가는 것은 올바른 모습이 아닐 것이기 때문이다. 그래서 독자는 이치로가 그러한 분명한 저항의 모습을 보여 주기를 원할 수도 있다. 그렇지만 이치로는 그러한 분명한 저항을 원치 않는다. 미국에서 태어나 미국 시민권자로서 부모의 고국인 일본은 가 본 적도 없는 이치로에게 고국은 단 하나, 미국이다. 그는 자신을 한순간 어이없이 내던져 버렸다가 수감시키는 미국에 대한 화풀이로 충성 맹세에 '노'를 했다. 그럼으로써 너무나도 많은 고통을 겪었고 입영기피자로 낙인찍혀 정상적인 미래를 다 잃어버렸다. 그래서 그는 당시 화를 참지 못하고 그런 고통의 선택을 한 것을 후회하고 있는 것이다. 이치로는 지극히 이해가 되는 한 개인의 심리를 보여 줄 뿐이다. 그는 일본계 미국인의 후손이거나 황인종이기 이전에 미국의 한 시민이며, 끝까지 미국의 시민이라는 것을 잃고 싶지 않은 대부분의 사람과 마찬가지로 나약한 인간으로 나온다.

　이치로만이 아니라 충성 맹세 요구에 '예스'라고 대답함으로써 전쟁터로 간 참전자 친구들 대부분도 지극히 개인적인 차원에서 선택을 한 것이다. "그들이 시민으로서의 권리를 되찾았을 때만이 가정과 차와 돈을 되찾을 수 있기 때문에 미국인으로 계속 남기 위한 권리를 위해 싸우는 것을 선택했다"(Okada, *No-No Boy*, p.34). 그들은 조국 미국을 위해 싸우기 위해 분연히 전투에 나간 게 전혀 아니다. 황인종이란 이유로 부당하게 빼앗긴 재산과 시민권을 다시 되찾기 위한 어쩔 수 없는 유일한 방법으로 목숨을 전쟁터에 맡긴 것이다. 계란으로 바위 치기가 될 것이 뻔한 상황이므로 국가에 대한 분노를 삭이고 다시 국가의 요구에 자신을 맞춘 것이다. '노노 보이'가 저항자도 반사회주의자도 아닌 것과 마찬가지로 참전자가 무조건적인 동화주의자도 미국 예찬론자도 아닌 것이다. 상당수의 『노노 보이』비평가들이 기본적으로 이런 이분법을 전제하고서 이치로의 미지근한 태도를 못마땅해하거나 참전자들을 무조건적인 미국 동화주의자로 예단해 버리곤 한다. 비참전자와 참전자를 다시 이렇게 단순화시켜 보면서 저항을 요구하고 순응을 비판하는 것은 미국의 이분법을 우리도 반복하는 것이다.

비참전을 선택한 것을 후회하는 이치로는 자신이 미국으로부터 배제당한 가장 큰 이유가 인종적·민족적 이유임을 망각하고 있다(Chung, "'Once a Jap, Always a Jap'", p.194). 그는 자신이 참전했더라면 조금은 더 나은 선택의 여지가 있었을 것이고 최소한 보다 남자답다는 자부심은 가질 수 있었을 것이라고 생각한다. 참전했던 동년배들이 그에게 침을 뱉고 욕을 하고 폭력을 가하는 데에도 그는 피할 뿐 반항하지 못하고 그들이 노노 보이인 자신에게 그럴 수 있다고 받아들이는 태도를 보여 준다. 그는 그들이 자신보다는 낫다고 인정을 해주는 태도를 보인다. 가장 괴롭히는 참전자인 에토의 경멸과 괴롭힘 앞에 그는 고개를 숙이고 에토가 자신보다 우월한 남성성을 소유하고 있다고 인정한다. 자신이 미국으로부터 배제당한 이유가 일본계이기 때문이라는 사실을 망각하고 있기 때문에, 이치로는 자기가 만일 '예스' 라고 했다면 자신에게 다른 결과가 보장되었을 것이라고 섣부른 결론을 내리고 있는 것이다.

그러면 입영을 선택한 일본계들은 미국에서 받아들여졌는가. 이치로가 모르는 것은 참전자도 그와 똑같이 원래보다 더 나빠진 상태의 일본인 마을로 되돌아왔을 뿐이라는 것이며 소설은 그것을 보여 준다. 미국이 요구하는 대로 전쟁에 나가 싸웠지만 참전자들은 일본계 미국인라는 이유로 또 한 번 배반을 당한다. 일부 일본계 미국인 남성들은 인가받은 폭력의 장소인 군대라는 구심점으로 움직여 갔다. 군대는 "남성성이 구축되고 재생산되고 효력을 발휘하여" 남성성의 핵심 상징을 만들어 내는 장소이다(Morgan, "Theater of War", p.444). 군대는 남성성의 이미지를 구축하는 가장 강력한 제도로 여겨져 왔고, 백인 남성들은 군대를 통해 헤게모니를 쥔 시민의 입지를 굳혀 왔다. 궁지에 몰린 일부 일본계 미국인들은 백인만을 일등 시민으로 인정하는 미국 사회에서 군대에 들어가 참전함으로써 자신의 남성성을 증명해 보이고 빼앗긴 시민적 권리를 되찾아 보고자 하였다. 하지만 인가받은 폭력의 장소인 군대를 다녀왔어도 이들은 시민이라는 국가의 인가를 받지 못한다. 그들도 노노 보이와 마찬가지로 오물과 깡패만 득실대고 있는 예전의 마을로 되돌아왔을 뿐이다.

유색인종만 모여 있는 낙후된 게토 사회에서 참전자들도 막다른 길에 봉착했을 뿐이다. 필요한 때 그들을 불러다 방패막이로 사용했던 백인 중심의 사회 미국은, 그 소용 가치가 다하자 그들을 군대에서 다시 방출했을 뿐이다. 군대가 그들의 얼굴을 더 미국인처럼 보이게 해주지 못한 것처럼, 그들은 노노 보이와 마찬가지로 사회에서는 여전히 '일본놈'Japs일 뿐이다. 참전자들은 그 분통을 노노 보이에게 터트리며 그들과 같은 존재 때문에 일본인들이 의심을 받는 것이라고 화풀이를 한다. 인종적 폭력과 차별에 의해 깊이 상처 입은 일본계 남성들 간에 벌어지는 폭력은 동네 깡패들의 몸싸움으로 전락한다. '뒷골목의 주먹질'은 인가받은 폭력인 백인 경찰들의 수갑으로 진압된다. 소설이 진행되면서 이치로가 어느 정도 이르게 되는 사회에 대한 인식과 사람에 대한 화해와는 별개로, 미국 사회와 격리된 1950년대 일본인 게토 사회에 출구는 없어 보인다.

1940년대 일본계 미국인에게 가해진 국가적 폭력은 모국과 이주국 둘 다의 언저리에서 겹쳐 있던 이들 디아스포라에게 단일한 국민성을 선명하게 드러내라는 강요와 형벌이다. 일본계 미국인에게 일본인 아니면 미국인이라는 양자택일의 강요는 1950~1960년대 냉전시대에는 모든 국가에서 미국편 아니면 소련편이라는 양자택일의 강요로 전 세계적으로 확장된다.

[3장]

민족을 가로질러 공통분모를 찾는 자들
창래 리의 『네이티브 스피커』

1. 디아스포라의 확장되는 지평

디아스포라는 어떤 한 무리의 민족이 강제적으로든 자발적으로든 고국을 떠나 다른 나라로 이주하는 민족 분산이나 민족 이산에서 생긴다. 이들 이주자들은 고국을 떠나 타국에 와서 같은 민족끼리 느끼는 공통된 경험에 대한 그리움과 같은 정서적 공감을 상당히 공유한다. 같은 민족의 이주자들이 민족과 모국에 대한 집합적 기억이나 그것에 대한 헌신 등의 특징을 상당히 두드러지게 보이는 경우 그러한 정서적 공감체로서의 이주자들을 일컬어 디아스포라라고 한다. 디아스포라가 소수민족이나 이민자나 이주자와 유사점이 있으면서도 그 고유의 특성을 갖는 것은 고국을 떠나 타국에 사는 같은 민족에게서 느끼는 이러한 정서적 공감을 강조하는 면에 있다. 같은 맥락에서 가브리엘 셰퍼도 현대 디아스포라를 "거주국에 이주해서 생활하는 소수민족 그룹이 자기의 고국에 대해 강한 감상적·물질적 유대를 가지고" 있는 경우로 정의한다(Sheffer, "The Emergence of New Ethno-National Diasporas", p.397). 디아스포라는 이렇게 사람을 지칭하는 용어로 쓰이면서 동시에 "같은 민족 성원들이 세계 여러 지역으로 흩어지는 과정뿐만 아니라 분산한 동족들과 그들이 거주하는 장소와 공동체"를 가르키며 의미가 보다 신축성 있게 사용된다(윤인진, 『코리안 디아스포라』, 5쪽).

그런데 최근의 학자들은 디아스포라 개념을 같은 민족을 넘어 공통분모를 가지고 있는 어떤 비주류층의 정치적·문화적 초국가적 연대 가능성의 지평으로 확장시킨다. 그레월은 "이주 이론은 고국으로부터 거주국으로 이주한 사람의 본래의 정체성이 겪는 동화와 문화 변용 과정에 초점을 두는 반면에, 디아스포라 연구는 여러 국가들과 문화 형성 간의 혼종성을 설명하기 위해 등장했다"라고 말한다(Grewal, *Transnational America*, p.49). 특정 민족의 고유성보다는 여러 다양한 민족 간의 혼종성에 더 방점을 두고 있는 것이다. 아브타 브라는 디아스포라는 단순히 이주와는 달리 "흩어져 이주하게 된 그룹의 다양한 성분들 사이에서 어떤 공통성을 구축하게 하는 경제적·정치적·문화적 상호 관련성의 매트릭스를 특정하게 지칭한다"라고 말한다(Brah, *Cartographies of Diaspora*, p.196). 그녀는 고국에 돌아가고 싶은 욕망도 자신의 본래 고국으로만 향하는 것이 아니라 이주하는 주체가 고향으로 느끼게 되는 '다양한 장소성'으로 향하게 된다는 의미로 확대한다. 꼭 본래의 고국에만 연연하지 않고 이주한 공간에서의 '고향 만들기' 같은 측면을 강조함으로써 고국이나 민족의 경계를 상당히 넘나들고 있는 것이다.

아이화 옹은 더 나아가 "디아스포라 문화와 주체성에 초점을 둔 문화연구는 그러므로 이주노동자의 멀리 떨어진 이주지에서의 경험과 지성인의 세상 유랑에서, 억압적인 민족주의 이데올로기에 비판적인 진보적인 정치적 주체의 탄생을 추구한다"라고 말한다(Ong, *Flexible Citizenship*, p.9). 옹은 이주노동자와 코스모폴리탄 지성인이 사회계층은 확연히 다르지만 고국을 떠나 있다는 공통점이 있기 때문에, 이들이 협소한 민족주의를 벗어나 어떤 비판적인 정치적 주체가 될 수 있는 가능성을 디아스포라 연구가 보여 줄 수 있지 않을까 하는 기대를 드러낸다. 동시에 그는 "어느 면에서 디아스포라는 이제 예전에 노동계급에게서 찾았던 행위성agency을 안게 되었고, 보다 최근에는 하위주체subaltern의 행위성을 안게 되었다"(p.15)라고 말하며 디아스포라에 지나치게 급진적인 의미를 부여하는 것을 우려하기도 한다.

디아스포라가 그 본래의 민족적인 범위를 넘어서야 할 필요성이 생기는가. 디아스포라가 자기 민족 내부의 이익단체적인 성향을 벗어나 민족 상호 간의 정치적·경제적 연대의 방향으로 나아가야 할 필요성이 있는가. 그렇게 민족의 경계를 넘나들며 공통분모를 찾아나갈 때 디아스포라는 노동계급이 가졌던 그러한 선진성이나 행위성을 인계받게 되는가. 아니면 노동계급과는 다른 디아스포라만의 독특한 속성을 여전히 보유하는가.

이 장에서는 디아스포라를 한 민족에 한정된 개념으로 보는 전통적인 협의의 의미와 한 민족에 국한되지 않고 민족 상호 간에 형성할 수 있는 것으로 보는 최근의 광의의 의미 둘 다를 염두에 두고 한국계 미국인 소설가 창래 리의 『네이티브 스피커』를 살펴본다. 먼저 한 민족의 공통된 아픔이나 경험에 근거한 결속의식이라는 전통적 관념의 디아스포라가 한인들이 미국에서 정착하는 데 어떤 긍정적 의미와 한계를 보여 주는지를 주인공 헨리의 아버지를 중심으로 살핀다. 그리고 협소한 아버지의 생존 방식에 대한 반발로 고국의 것을 버리고 미국 사회에의 동화를 취하는 헨리의 삶의 방식을 통해 동화에 머무르는 삶의 문제점과 더 나아가 애국심이나 어떤 것에의 충성심이 없는 삶의 위험성을 분석해 보고자 한다. 그러한 문제점에서 국가와 민족의 경계선을 넘어 전 지구적으로 이동하는 현대에는 어떠한 디아스포라적 정체성을 우리가 좌표 삼아 나아갈 수 있는지를 상상해 보고자 한다.

2. 유대와 결속에 기반한 디아스포라

디아스포라 관점으로 접근하기에 『네이티브 스피커』는 매우 적합한 작품이다. '네이티브 스피커'라는 제목은 다양한 언어들 중의 한 지배 언어의 설정을 시사하고 있고 반면 책표지의 그림은 그러한 제목에는 어울리지 않게 한 동양인 남자의 얼굴이 전면을 채우고 있다. 독자는 제목과 표지에서 뭔가 민족적·문화적 혼종성과 상충성 같은 인상을 받는다. 이 책의 모든 사건은 뉴욕시에서 벌어진다. 뉴욕시

안에서 부산하게 움직이며 일하는 사람이나, 홀로 굴욕의 눈물을 삼키는 사람들은 대부분 자신이나 조부모가 고국을 떠나 미국으로 이주해 온 사람들이다. 유럽과 남미, 아프리카와 아시아에서 뉴욕으로 이주해 온 다양한 얼굴빛을 한 이주민들은 같은 민족끼리 무리 지어 독특한 민족적 군상을 이루기도 하고 주류 사회로 유입되려는 욕망의 물살을 따라가며 서로의 경계를 흐리기도 한다.

민족 공통의 아픈 트라우마적 경험이 떨어져 사는 한 민족을 결속시켜 디아스포라를 형성한다. 식민과 전쟁과 분단의 아픔을 겪으면서 생활 기반이 붕괴된 한국인들이 미국의 몇 도시에 집중적으로 이주하여 정착해 살게 되면서 그들을 정신적·물질적으로 지탱시켜 준 것은 한국인끼리의 공통 경험에 근거한 단결 의식이었다. 소설에서 한 민족끼리의 공유감과 결속의식 형태의 전통적 디아스포라는 헨리의 아버지의 삶을 통해 잘 나타난다.

헨리의 아버지의 인생 이야기는 "전형적인 이민자 성공 이야기"이다. 미국에 단돈 200달러와 "단지 영어 몇 단어만" 알고서 도착하여 그는 온갖 육체노동을 다 한다. 고국에서 명문 대학 출신이라는 게 미국에 와서는 아무런 쓸모가 없는 상황에서 그는 헨리가 "이민자의 양도할 수 없는 권리"라고 비꼬아 말한 것, 즉 고된 강도와 장시간의 노동으로 점철된 삶을 산다(Lee, *Native Speaker*, p.47). 그가 바닥에서 시작하여 뉴욕시에 야채가게 몇 개를 소유한 사장이 되기까지에는 알고 보면 그 자신의 노력만이 아니라 한국 이민자들의 긴요한 도움이 있었다. "아버지는 사실은 그의 종잣돈을 한국인 계에서

끌어다 쓸 수 있었다"라고 헨리는 말한다(p.50). 계는 한국의 전통적인 품앗이 개념을 경제적으로 적용한 것으로 회원 모두에게서 걷은 돈과 이자를 순번을 정해 가며 한 사람에게 몰아 줌으로써 종잣돈으로 사용하여 터전을 닦을 수 있게 한다. 한인들에게 계는 단순히 경제적 부조만을 제공하는 게 아니라 정기적으로 모여 즐거움을 나누고 타국 생활의 아픔을 동병상련할 수 있는 *끈끈한 공동체*이다. 헨리의 아버지와 친구들은 "미국에 와서 살면서도 근처에 고향 사람들을 두고 있다니 우리들은 얼마나 행운아인가라는 공유의식이 있었다"(p.52). 이 같은 공통의 상실 경험과 공통의 소망을 가지고서 *끈끈히* 결합한 한인들의 모임은 바로 전형적인 디아스포라의 모습이다.

하지만 진한 유대의식에 기반한 디아스포라의 삶은 한계를 보인다. 첫째, 자기 민족끼리만 어울리고 거주국인 미국 사회에 통합되지 못한다면 그것은 과거 회귀주의이며 정체이다. 아무리 한 민족끼리의, 과거의 혈육적 삶 형태가 좋다고 하더라도 그것에서 머문다면 미국 사회에서 주변화되어 도태된다. 헨리의 아버지는 하루의 거의 대부분을 가게에서 일하며 분투하나 일을 빼고는 뉴요커들과 아무런 관계를 맺지 못하고 갇힌 삶을 살고 있다. 자기 민족끼리만을 고수한다면 최상의 경우라 할지라도 집단이기주의의 한 버전에 머물 것이다.

이러한 디아스포라의 두번째 한계는 주체인 이민자들 자신이 그렇게 한정된 개념의 디아스포라로는 만족하지 못한다는 점에서도 보인다. 헨리의 아버지는 이민 초기에는 한인끼리의 만남에서 즐거움과 위안을 찾다가 점차 미국 생활에 적응한 뒤에는 더 안전하고 쾌적한 지역으로 이사하고 한인과의 교류도 뜸하게 한다. 같은 민족끼리만의 *끈끈한* 결속은 이주국에 속해지기까지의 하나의 경과 과정일 수도 있다. 물론 경과 과정이라고 해서 결코 디아스포라의 결속의식이 없어지지는 않는다. 문득문득 그리고 어려울 때마다 생각나고 찾을 것이다. 하지만 어느 정도 이주국에서 헤쳐 나갈 자신감과 기반이 생긴 사람들은 평소에 이 끈적끈적한 민족의식에 자신을 가두기를 싫어하며 스스로 이 망을 벗어나 주류 사회로 나아가려 한다.

민족 내 결속의식에 근거한 디아스포라가 명백히 한계가 있음은 아버지에 대한 아들 헨리의 비판을 통해 나온다. 아버지의 인생은 그가 그토록 일하며 돈을 모은 가장 큰 동기인 아들의 비정한 평가로 자리 매겨진다. 그렇게 치열하게 살고 돈을 번 아버지에 대해 아들 헨리는 "미국의 유명한 게토 지역에서 25년 동안 야채장수로서 자신을 몰아붙인 그의 일편단심의 행적은 임종 직전 며칠 동안에 나의 옹졸한 증오심으로 보답을 받았다"라고 말한다(p.49). 아버지가 의식이 없는 식물인간 상태로 임종을 맞는 며칠 동안 헨리는 아버지에게 그의 인생에 대한 불만을 성토한다. 대학 교육과 결혼과 상속까지 아낌없이 다해 준 아버지인 건 인정하나 아버지의 인생은 다른 모든 것에 관심 끄고 일편단심 야채장수로서 자신을 몰아붙여 돈만 번 보잘 것없는 삶이라고 평가절하한다. 아버지가 보인 백인과 흑인에 대한 아주 상반된 행동도 상기시킨다.

WASP[White Anglo-Saxon Protestant, 미국 주류 사회를 이루는 초기 이민자 집단을 지칭하는 단어]와 유태인들과 담을 맞대고 있는 조용한 파트너인 우리는 마치 우리의 모든 일은 항상 아무 문제없이 되어나가고 있다는 듯이 미소 외에는 그들을 거슬리게 한 적이 없고 마치 어떤 것도 우리로 하여금 분노나 슬픔의 감정을 터트리게 할 수 없다는 듯 완벽한 예의범절의 허울로 감싸고 있었다. 즉 우리는 미국의 것이면 뭐든지 믿었고 미국인에게 좋은 인상을 주느라, 돈을 버느라 애를 썼고 한밤중에 사과를 닦아 윤기를 내고, 완벽하게 다림질된 바지와 완벽한 신용으로 완벽해지기 위해 애를 쓰면서, 흑인에게는 총을 쏘고 우리 가게와 사무실들이 불타 무너져 내리는 것을 지켜보게 되었다. (p.52)

몇 개의 야채가게를 가진 사장이 된 아버지가 백인들이 사는 부유한 지역으로 이사 가서 마치 자기 존재를 송구스러워하듯이 백인 이웃을 대하는 모습, 그리고 흑인을 불신하고 무시하며 갓 이주해 온 취약한 사람들을 고용하여 그들의 노동력을 헐값으로 착취한 점들을 헨리는 상기한다. 아버지의 이러한 점에 대한 헨리의 비판은 타당하다. 그러나 아버지를 그렇게 인색하게 평가하는 데에 아버지의 객관적인 잘못이 그렇게 큰 비중을 차지한 것 같지는 않다. 왜냐하면 헨리 자신이 그러한 도덕의식에 별로 개의치 않기 때문이다. 그가 아버지를 그렇게 냉소적으로 보는 이유는 오히려 자기가 보기에 아버지의 너무나 빈약한 삶의 방식 때문이다. 특히 공적 생활이 전혀 부

재한 데 대해 비판적이다. 이민 초기에는 한인끼리 어울리는 결속의
식이 진한 디아스포라 삶의 형태를 보이던 아버지는 엄마의 죽음과
점차적인 경제적 상승 이후로 한인과는 더 이상 어울리지 않았다. 그
렇다면 다민족의 미국 사회 속에 들어가 참여하는 생활이 있어야 하
는데, 아버지는 영어와 미국 문화에 대한 소통 능력이 부족하여 사
회생활을 기피하였다. 미국 시민으로서 인정받으며 참여하기 위해
서 주류 사회가 요구하는 문화적 능력의 담을 넘기가 힘들었기 때문
이다. 헨리는 아버지가 매일 밤 혼자 맥주를 놓고 텔레비전을 보면서
한국어로 중얼거리고 키득거리기나 한다고 언급하는데, 이는 1세대
한인들의 협소한 삶의 공간을 지적하는 뼈아픈 말이다.

사회에서 문화적·신체적으로 하찮은 존재로서 무시당하는 데
대한 반작용으로 가정에서 아버지는 한국 가정보다 훨씬 더한 가부
장적 권위를 가진 아버지가 되어 있다. 미국 사회에 살면서 서로 헤
쳐 나가야 하는 미묘한 문제들에 대해서는 전혀 대화하지 않은 채 침
묵의 위계 구조가 허울 좋게 지탱되고 있다. 헨리의 아버지가 보이는
권위주의는 백인 중심 외부 세계에서의 그들의 초라한 위치, 열악한
노동환경과 밀접한 관계가 있다. 그래서 아버지의 임종 전 며칠 동안
헨리는 "옹졸한 증오심"을 드러내며 아버지에게 비난을 쏟아 내는
것이다. 창래 리는 고국과의 관계만 있고 이주국과는 오직 경제적으
로만 연관이 있을 뿐이며, 백인에게는 무시당하고 흑인은 무시하는
인종차별을 답습하는 삶이라는 점에서 헨리가 아버지의 삶을 폄하
함을 예리하게 재현한다. 그럼으로써 창래 리는 고국을 떠난 이주민

들이 마음의 고향으로 여기는 고국에 대한 애달픈 정서를 공유하는 디아스포라의 기본형을 그리면서 동시에 그것을 넘어 나아간다.

3. 스파이와 동화주의자

그렇다면 아버지에 대한 반발적 반응인 헨리의 삶은 디아스포라의 관점에서 보았을 때 어떠한가? 일단 헨리의 반응은 한국계임을 지우기, 미국 주류 사회에 동화하기로 나타난다. 미국에서 태어났으나 부모가 미국 사회 입문의 안내자가 되지 못하여 공교육을 받기 시작하면서야 영어를 배운 헨리의 성격 중 특징적인 것은 자신감이 결핍된 소심함이다.

소년 시절에, 나는 어떤 학교 클럽이나 조직에도 그쪽의 회원이 먼저 접근하지 않는 한 가입하지 않았다. 나는 미리 예정되어 있지 않으면 친구 집에서 먹지도 자지도 않았다. 나는 어느 누구도 나에게 관대하리라고, 어떤 식으로든 도움을 주리라고 가정해 본 적이 없다. 내가 어떤 좋은 일을 했더라도 인정이나 승인을 기대하는 게 내 권리라고 생각해 본 적이 없다. 아버지는 항상 나에게 당신이나 세상이 나에게 단돈 한 푼도, 기도 한 마디도 해줄 이유가 없다고 누누이 말했다. 비록 아버지는 나에게 수백만 달러와 기도의 울림을 남겨 주었지만. 그러니 당신이 부르고 싶은 대로 나를 불러라. 동화주의자, 추종자, 외국인 얼굴을 한 충직한 놈. 나는 이미 당신이 부르거나 상상할 수 있는 온갖 버전의 이주자가, 즉 항시 두려워하고 비통하고 슬픈 온갖 판본의 이주자가 다 되어 보았다. (p.160)

이처럼 자조적인 태도를 보이는 헨리는 명문대를 졸업한 후에 호글랜드 사에서 스파이 제안을 받았을 때 지금까지 자기가 살아온 삶의 방식에 어울리는 직업일 거라고 내심 반긴다. "나는 항상 내가 사라져야 될 순간을 알아차렸고 더 추한 사실은 나는 그러한 사라짐의 순간을 오랫동안 소중히 여겨 왔다는 것이다. 그 영예로운 눈에 보이는 부재. 그래서 내가 원하는 어디든 갈 수 있을 것 같다. 이것이 그렇게 오랜 세월 동안 만들어 온 동화인가?"(p.202). 이처럼 서술자 헨리는 자신의 삶을 동화同化, assimilation라고 규정하고, 그것은 백인 '아메리칸 와이프'인 릴리아와의 결혼으로 완성된다.

인용문의 신랄한 자탄의 톤이 드러내듯이 헨리는 동화의 문제점을 잘 알고 있다. 사회학자 존 베리는 동화를 이민자들이 주류 사회에 활발히 참여하는 과정에 자신들의 고유한 문화와 정체성을 상실하여 주류 집단에 흡수되는 경우라고 말한다(Berry, "Acculturation and Adaptation in a New Society", p.72). 만일 그런 경우라면 동화를 추구한 본인의 목표는 그래도 성취된 경우여서 다행이라 하겠으나 실제의 경우 동화가 주류 집단에의 최종 흡수를 허용하지는 않는다. 이런 점을 의식해서 밀턴 고든은 동화에도 문화적 동화와 구조적 동화가 있음을 말한다. 문화적 동화는 거주국의 언어와 문화를 익숙하게 습득해야 하는 것으로 이는 개인의 노력을 통해 성취할 수 있으나, 헨리의 아버지가 이 문턱을 넘지 못한 것에서 보듯이 쉬운 일은 아니다. 구조적 동화는 소수민족 출신인 그 개인의 수입·교육·직업·결혼 등에 따라 거주국의 주류 집단에 선별적으로 통합되는 것이다(Gordon, *Assimilation in American Life*, p.10). 고든은 주류 사회계급에로의 상승인 구조적 동화가 이루어졌을 때 동화가 완성되는 것으로 본다. 헨리의 동화에의 긴 행적은 그것이 얼마나 도달하기 힘든지를 보여 준다. 미국 태생에 네이티브 스피커이고 미국 명문대 출신이며 백인 여성과 결혼했으나 그는 여전히 아시아인의 외모로는 미국인으로 최종적으로는 받아들여지지 못한다고 느낀다. 그래서 혼혈인 아들 미트에게는 "넓적한 황색 얼굴이 줄 수 없는 권위와 자신감을 제공해 주기 위해 단일한 인생과 단 하나의 세계의식을 가지고 자라도록 구식 언어를 배우게 하지 않겠다. 이 점에 대해서는 의심의 여지가 없다"라고 말한다(Lee, *Native Speaker*, p.266). '구식 언어'인 한국어도 모르게 한 채 완벽히 미국인으로 교육했지만 아들은 부유한 백인 동네 아이들에게 평소 놀림당하다가 놀이 중에 백인 아이들 밑에 깔려 죽게 된다. 이 비극 이후 '같아지기' 혹은 '속해지기'를 향한 동화로는 도저히 온전한 시민으로 될 수 없음을 절감했기에 동화라는 말이 나올 때마다 헨리의 톤은 뒤틀려 있다.

미국 사회에 동화되기 위해 노력했으면서도 아마도 헨리는 스스로를 동화주의자라는 협소한 범주에 속한다고는 생각하지 않을 것이다. 그는 황인종의 외모를 제외하고는 미국 사회 내에서 자유로울 수 있는 조건을 모두 갖추고 있고, 매우 비판적인 자의식과 발달된 지성을 가지고 있기 때문이다. 그는 세계 공용어인 영어의 원어민이고 국제적인 스파이 회사에서 자금을 지원받아 미국 국내뿐 아니라 세계 어느 곳이든지 임무가 있는 곳마다 수시로 여행한다. 그가 업무상 상대하는 사람은 세계 각국의 다민족계이고 의뢰인도 다국적이다. 그는 동료와 자신을 다음과 같이 소개한다.

> 우리는 자신들을 손쉽게 비즈니스맨이라고 말한다. 국내 여행자들. 요구가 있는 곳이면 우리는 어디든지 간다. 그 요구의 긴급성은, 다른 것에서도 그렇듯이, 권력과 돈의 계산법에 따라 결정된다. 정치권력, 자본의 유동적 흐름, 영향력. 이게 기본이 되어 우리 생계를 운행한다.
>
> 한 단어로 하면 우리는 스파이들이다. 스파이라는 말은 그런데 잘못되었다. 우리는 당신이 자연스럽게 떠올리는 그런 종류의 스파이도, 존재했으면 하고 당신이 바라는 그런 종류의 스파이도 아니다. 나를 채용한 호글랜드는 우리 일이란 사물의 균형을 맞추고 마켓을 깨끗이 정리하고는 차액 취득 중개인으로서 행동하면 끝난다고 했다. 나는 그를 믿는 척했다.
>
> 우리는 어떤 정부에도 충성을 맹세하지 않는다. 우리는 정치적인 동물이 아니다. 애국자도 아니다. 영웅은 더더군다나 아니다. (p.17)

이 언급은 헨리의 일이 자유로운 이동을 담보하고 다민족계 인물들, 다국적 기업, 외국 정부와 관련되며 국경을 넘나드는 자본의 흐름 등과 연관됨을 시사한다. 이러한 성격은 존 톰린슨의 '코스모폴리탄'Cosmopolitan을 연상시킨다. 톰린슨은 "현재의 물리적 환경 변화, 먼 곳의 정치적·경제적 과정을 우리의 일상적 삶에 끌어들여 기획하는 것, 가정으로 미디어 기술의 침투, 점증하는 규범으로서의 다문화주의, 이동과 외국 여행의 증가 등이 코스모폴리탄 성향의 핵심적 부분을 보장한다"라고 본다(톰린슨, 『세계화와 문화』, 285쪽). 헨리의 생활방식은 코스모폴리탄의 외형적 조건을 갖추고 있다. 헨리는 틀림없이 동화에 애쓴 사람이나, 동화라는 말에 항상 자기 조롱적인 톤이 스며 있는 것을 보면 스스로를 그저 동화에 급급한 사람이 아닌 다른 더 큰 사람으로 보고 싶어 했을 것이다. 그렇다고 그를 한인계 디아스포라라고 보기에는 엘리트의식이 너무 강하고 민족에 대한 거리감이 너무 크다. 그래서 헨리의 삶의 형식이 떠올리게 하는 것은 코스모폴리탄인데, 그를 그렇게 보기에는 핵심적인 내적 요소가 빠져 있다. 톰린슨은 코스모폴리탄은 자국 문화의 편협한 구속과 편견으로부터 자유로워야 하고, 세계문화의 다양성과 타자의 문화적 관점을 이해할 준비가 되어 있어야 하며, 무엇보다도 세계적 소속감·관여성·책임감이 있어야 함을 강조한다(톰린슨, 『세계화와 문화』, 266쪽). 이게 없다면 부유하게 떠도는 부르주아나 국제 관광객과 다를 바가 없기 때문이다. 그런데 치명적으로 헨리에게는 그 무엇에 대한 충성심이나 유대감이 없다.

마치 유대감을 방출시켜 버린 듯한 자유로운 코스모폴리탄과 같은 형태가 헨리의 상태이다. 그런 점은 그의 모든 행동 속에 스며

들어, 가장 가까운 사람인 아내조차도 그를 믿을 수 없는 "비밀스런" 사람으로 배반감을 느끼게 만든다(Lee, *Native Speaker*, p.5). 그러한 비밀과 배반이 집약된 것은 스파이라는 그의 직업이다. 크리스털 파리크가 다른 스파이소설과 이 스파이소설과의 차이로 지적하듯이, 많은 스파이 장르 작품에서 요원들의 임무가 비밀스런 정보 습득을 통해 그 표적 대상을 국가의 통제 안에 가져오는 데 반해 『네이티브 스피커』에서는 "국가가 더 이상 정치적 경쟁에서 주인공이 아니다"(Parikh, "Ethic America Undercover", p.272). 007처럼 국가방위와 국익을 위한 기관의 첩자가 아니라 타당한 대가만 준다면 의뢰인이 적국의 기관이든 누구든 상관하지 않는다. 그가 하는 첩보 일은 국익에의 봉사 같은 대의명분이 없다. 아니, 아예 누가 의뢰인인지도 모른 채 자신은 악행의 일부만 분담할 뿐이다. 헨리는 필리핀계 심리치료사인 루잔을 맡아 그의 환자로 가장해 그에 대한 정보를 알아내는 과정 중에 그에게 오히려 감화되는 경험을 한다. 다른 요원들에 의해 그가 암살되는 것을 목격하고 죄책감을 느끼는 헨리에게 사장은 다음과 같이 이야기한다.

자네가 아무리 영리하다 해도 어느 누구도 세상 돌아가는 걸 다 알만큼 영리하지는 않아. 항상 너무 커서 보지 못하는 그림이 있게 마련이지. 어느 누구도 안전하지 않아, 헨리, 캐리비안의 빌어먹을 놀이 보트에서도, 아름다운 롱아일랜드에서도, 퀸즈에서도 안전하지 않아. 이 세상에 진짜 악이란 것은 없어. 그냥 세상이 그래. 우리 같은 사람으로 가득 차 있지. 당신의 이민자 엄마와 아버지도 그렇게 말해 줬을 걸. 내 부모도 그랬으니까. (Lee, *Native Speaker*, p.46)

악한 일을 부분 부분 담당하여 하나의 '게임'이 완성되는 형태이므로 세상에 완전한 악이란 없다. 우리도 남들처럼 한 부분의 일만 했을 뿐이다. 이렇게 충성심과 진심이 결핍된 삶이 된 것과 헨리가 한국계임을 지워 나가며 동화의 삶을 산 것과 연관성이 있는가? 창래 리는 후속작 『제스처 라이프』에서 동화의 인생은 제스처 인생, 즉 자기 인생에서 진정성을 빼내 간 자기 착취임을 그린다. 여기 『네이티브 스피커』에서는 동화의 부정적 측면이 제스처 인생이라는 자기 착취에 머무르지 않고 다른 사람들에 대한 착취까지 적극적으로 나아간 형태이다. 한국계 미국인 정치인인 존 강에 대한 첩보 수행으로 얻은 정보를 회사에 넘겨준 결과 수백 명의 유색인 불법체류자가 미국에서 추방되는 결과를 낳았기 때문이다.

4. 민족을 넘나드는 비주류층의 연대

앞서 최근의 학자들이 비주류층의 정치적·문화적 초국가적 연대 가능성을 통해 디아스포라 개념을 확장하고 있음을 이야기했다. 헨리의 아버지를 비롯하여 한인끼리 갖는 고국에 대한 디아스포라 의식은 한인들의 정신적 위로와 물질적 토대로서 긍정적 역할을 했음을 보았다. 하지만 같은 민족끼리만을 고수하는 디아스포라는 민족 이기주의가 될 소지가 다분하고 한인들 스스로도 자신들만의 협소한 결속에 대해서는 점차 소원해지는 경향을 또한 보았다. 아들 헨리의 삶을 통해서는 한국계임을 지워 나가는 동화의 삶이 그의 삶에서 진정성과 책임감을 추출해 버리는 삶임을 알았고 미국 주류 사회의 통제에 의해 동화로는 최종적으로 미국 사회의 중심으로 유입될 수 없음을 보았다. 특히 스파이라는 헨리의 직업은 초국가적 현대 상황이라 하여 애국심이나 충성심이 없이 자기이익과 성향에 따라 자유롭게 부유하는 삶을 살아간다면 어떻게 되는가를 보여 준다. 국가의 위상이 상당히 약화된 초국가적 시대에 자신을 넘어서는 어떤 가치 지향성이 전혀 없다면, 혹은 어떤 이념적 공유에 근거한 공적인 연대의식이 전혀 없다면 어떻게 될까를 헨리의 스파이 삶은 보여 준다. 이에 반해 한국계로 뉴욕시 시의원인 존 강은 현재 뉴욕의 다민족·다문화 사회에 맞는 디아스포라 개념을 상상하고 실천하다 좌초한다. 존 강의 이상과 실천에서처럼 디아스포라가 한 민족에 국한되지 않는다면 그 주체들은 어떠한 사람이 될 것이며 그 디아스포라들에게 유대감을 갖게 하는 공통분모는 무엇인가.

1990년대 말 미국에서 18세 이상 성년 중 아시아계의 비시민 비율이 55%로 가장 높았고, 라틴계는 44%, 아프리카계 미국인은 5%, 비히스패닉 백인은 2%만이 시민이 아니었다(Nakanishi and Lai, *Asian American Politics*, p.110). 특히 뉴욕에 사는 18세 이상의 아시아계 중 73%가 미국 시민권이 없는 것으로 집계되었다. 시민권을 가진 사람의 선거 등록률도 백인의 경우 약 90%라면 아시아계는 50%

가 조금 넘는 수치로 아시아계의 정치 참여는 어느 유색인종보다 미미하여 국가정책의 우선순위에서 그만큼 밀리게 된다. "이민자들이 거주국에 완전히 참여하고 통합되기까지 가장 복잡하고 오랜 시일이 걸리는 학습 경험이 미국 선거 정치에 참여하고 정치적으로 문화변용하는 것"(Nakanishi and Lai, *Asian American Politics*, p.111)임을 감안할 때 이 통계수치는 미국에서의 아시아계 입지가 가장 취약함을 보여 준다.

이러한 아시아계의 정치적 입지를 고려해 볼 때 『네이티브 스피커』에서 한국계 미국인 1세인 존 강이 뉴욕시장의 유력 후보로 소설에 등장한 것은 의미심장하다. 여태까지 아시아계 미국 문학은 미국 사회에서의 정체성 문제나 세대 간의 갈등, 고국과 거주국 간의 비교문화적인 접근에 머물렀던 반면, 이 소설은 한국계 문학으로서는, 아니 아마도 아시아계 문학으로서도 거의 처음으로 국가정치를 소설의 주제로 붙든다. 존 강은 한국계 미국인만을 대표하는, "단지 또 하나의 소수민족 출신의 정치가가 되려는 게 아니다". 그는 자신의 존재가 대변되지 못하는 갓 이민 온 사람들을 대표하여 "그들을 전리품이나 억압당한 자로서가 아니라 뉴욕시의 살아 있는 목소리"가 되게 만들려는 거대한 포부를 가지고 있다(Lee, *Native Speaker*, pp.303~304). "강의 사람들"이라고 불릴 만큼 존 강에게 열광하며 그를 지지하는 소수민족계와 직업군은 다음과 같다.

퀸즈 북부의 모든 사람들이 그 문을 통과하는 것처럼 보였다. 강의

권력의 기반은 그 선거구의 모든 한국인들의 표와 대다수의 중국인
들 표에서 나오지만 강은 새로 온 이주민에게 특히 인기가 좋았고
동남아시아인와 인도인과 중앙아메리카인, 그리고 카리브해와 서인
도제도에서 온 흑인들에게 인기가 있었다. 동유럽인들도 약간 있다.
백인 본토인들은 그에게 별로 관심을 보이지 않았다. 아프리카계 미
국인은 그를 신뢰하지 않는 것 같다. 그도 명목상으로는 시장 드 루
즈가 속한 당인 민주당이다. 하지만 그는 강력한 노동조합의 직원이
나 상인이나 뉴욕의 백인 그룹에게서는 별로 표를 얻지 못했다.
대신에 그는 제복 입은 운전기사와 유모와 중국음식점 점원과 재봉
사와 배달원을 자기 편으로 만들었고 가장 부유한 그의 후원자는 소
규모 자영업자 부대로 그들의 금고에서 나온 니클과 다임이 퀸즈의
온갖 곳에 유통된다. (Lee, *Native Speaker*, p.142)

강을 지지하는 민족은 한국계와 중국계뿐 아니라 카리브해 흑
인이나 세계 곳곳에서 갓 이민 온 사람들이다. 반면 이미 미국 사회
에서 양대 산맥을 형성하는 백인이나 아프리카계 흑인은 그를 탐탁
지 않게 생각한다. 직업군으로 봐도 번듯한 회사의 고용인들은 그에
게 별 흥미가 없고 오히려 운전수나 음식점 종업원, 재봉사나 배달원
같은 비정규직이나 시간제 노동자들이 그들의 때 묻은 동전으로 그
를 지지한다. 소설에서 갓 이주한 이민자나 불법체류자의 공통적인
역경은 택시기사로 대표되고 있다. 택시기사는 고용 조건이 열악하
여 미국 시민들이 기피하는 직업인 만큼, 수시로 채용 가능하고 영어

를 모르는 사람도 도로의 표지판을 식별할 수만 있으면 가능하므로 처음 미국에 온 사람들이 흔히 도전하는 직업이다. 택시기사들이 강도로 돌변한 손님에게 살해당하는 사건이 수시로 일어났지만 연쇄살인이라도 되지 않는 한 뉴스거리도 되지 않는다. 그것은 "운전수라는 한 그룹을 대표해서 말해 줄 사람이 없기 때문이며", 그들은 세계 각국의 저개발국가에서 이제 막 온 "서로서로 너무나 다른" 사람들이기 때문이다(Lee, *Native Speaker*, p.246). '자기 코가 석 자인' 그들은 "유사성 너머의 차이만을 서로 알아보고 서로 공유하는 운명의식을 갖고 있지 못하고 거의 정치에 대해 알고 있지 않다"(p.251). 그들은 자기 가족에의 헌신과 떠나온 고국에 대한 향수를 떨치지 못하고 생존에 필요한 것에만 몰입해 있다. 그들은 민족적 차이라는 변수 밑에 놓인 이주자들의 공통분모를 서로 확인하지 못하고 있다.

차기 뉴욕시장의 유력 후보인 존 강은 뉴욕시의 인구 중 대변되지 않고 무시당한 이러한 사람들을 위해 목소리를 내는 사람이다. 슬픔을 인내하는 객체로 주변화된 이 유색인종들을, 슬픔을 말로 표현하는 주체로 변모시켜 주는 일을 그가 하고 있다. 존 강은 타국에 와서 흩어진 여러 민족의 파편화된 이민자들을 하나의 전체로 통합할 수 있는 공통분모를 제시한다. 가족에의 헌신과 고국에 대한 그리움을 공유하고 있는 이민자들은 이제 거주국에서는 존재의 비가시성과 대표성의 부재라는 공통분모가 생긴다. 아브타 브라는 디아스포라를 확장하여, 흩어져 이주하게 된 그룹의 다양한 성분들 사이에서 어떤 공통분모를 에워싼, 민족을 넘어선 결속의식에 대해 말한다. 존 강이 추구하는 디아스포라는 이러한 것으로, 민족과 혈통을 넘어 미국에 갓 온 이주민이나 상당 기간 미국에 정착했으나 주변인에 머무는 사람들 간의 '우리집'Oo-rhee-jip이라는 결속의식이다(Lee, *Native Speaker*, p.146). 디아스포라를 민족적 차원이 아니라 거주국인 미국의 시민으로서의 정체성이 미흡한 이주자들 간의 그것으로, 즉 민족을 초월한 결속의식으로 확장한 것이다.

어떤 평자는 디아스포라를 위해서는 정치적 연대를 지속할 공동의 트라우마 경험이 있어야 하므로 이는 같은 민족 안에서만 현실성이 있다고 보아, 이렇게 민족을 가로지른 디아스포라의 추구는 그러므로 존 강의 오만hubris이라고 지적한다(Song, "A Diasporic Future? *Native Speaker* and Historical Trauma", p.94). 하지만 같은 민족끼리의 디아스포라의 의의와 그 한계를 이미 보았고, 특히 이주국에서 전혀 대표되지 못하는 더 열악한 이주민들의 권리를 위해서는 민족을 가로질러 여러 민족의 디아스포라들이 함께 뭉쳐야만 되는 현실임을 이미 살펴보았다. 창래 리는 소설의 결말로 가면서부터는 존 강의 꿈이 허황되었던 것인가 아니면 그를 짓이기려 하는 현실 세력이 문제인가라는 질문에 집중하고 있다. 창래 리는 존 강의 파멸은 지나친 이상을 꿈꾼 그의 오만 때문이라기보다는 미국 이민국과 주류 사회의 합세로 인한 것임을 분명히 보여 준다.

리엄 콜리는 드 루즈 뉴욕시장의 인종차별적 성향과 이주민을 배척하는 토민보호주의 정책 성향을 들어 그가 1994년에 뉴욕시장이 된 루돌프 줄리아니를 반영하는 것으로 설명한다. 줄리아니가 뉴욕시장이 된 1990년대는 신자유주의 지구화의 추한 문화정치가 팽배했던 시대이다. "줄리아니 시대는 인종적으로 표가 나는 이민자들을 공격하는 폭력의 공공 담론이 폭발하던 시대"이며, "백인과 중산계급 이해관계를 대변해서 자신들의 세계와 권력을 훔쳐 가는 사람들을 공격으로 대처하는 시대"였다(Corley, "'Just Another Ethnic Pol'", pp.66~67). 존 강의 취약점이 인종에 있음을 본능적으로 파악하는 그의 정적은 사안을 인종문제로 몰아간다. 재선을 노리는 현 뉴욕시장 드 루즈는 "게임을 소수민족인 상대에게 불리하도록 만들 줄을 잘 알고 있다. 그를 주변으로 몰아 고립시키고 그의 열정을 인정해 주면서도 그 열정에 급진적인 색깔을 입혀서 광적인 행동이라 이름 붙인다"(Lee, *Native Speaker*, p.36).

미국 당국은 소수민족 정치가인 존 강의 약점을 찾기 위해 이민국을 가동한다. 어떤 정부기관보다도 이민국이 존 강과 그의 지지자들의 약점을 치명적으로 잡아낼 수 있고 그것이 주류 사회에 가장 효과적으로 먹혀들어 갈 것임을 알기 때문이다. 잠입 첩보망에 걸려드는 것은 전혀 나쁜 의도가 없고 불법이라 할 수도 없는 존 강의 후원 조직이다. 그의 후원 조직은 돈 없는 소수민족들과 갓 이민 온 사람들의 푼돈으로 운영된다. 이 푼돈을 모아 존 강은 자신을 믿고 도움을 요청하는 사람들에게 조건 없이 돈을 빌려주어 그들의 정착을 돕는다. 한국인의 '계'를 본딴 조직을 민족이나 피부색이나 불법체류 여부에 상관없이 운영하는 것이다.

당신의 피부색이 무엇인지는 상관없다. 당신의 입에서 마늘내가 나
든 돼지고기 기름내가 나든 칠리 냄새가 나든 그런 것은 중요하지
않다. 당신의 아내나 남편이나 아이들을 데려오기만 해라. 가게 계약
금이 필요하면 당신이 일하는 가게의 주인을 데려와라. (p.280)

그의 도움을 요청하는 사람 중에는 공식 금융권과 거래를 맺을
수 없는 불법체류자들도 있다. 존 강의 선거운동 본부의 자원봉사자
로 위장해 들어간 헨리가 회계를 맡아 하면서 후원자 명단을 사립 탐
정회사 사장에게 넘기고 그 명단은 첩보를 의뢰한 이민국으로 넘어
간다. 이민국을 거치면서 존 강의 온정적 계 조직은 천인공노할 범죄
조직으로 변모된다. 계를 운영한 그의 죄목은 세무서에 신고하지 않
은 돈거래에 의한 세금 탈루이다. 탈세 적발을 국세청이나 금융감독
원이 아니라 이민국이 주도하는 것은 강의 후원 조직을 캐면 불법체
류자를 색출할 수 있고, 지나치게 커 버린 소수민족 정치인에게 치명
타를 입히는 것은 불법체류자를 도왔다는 죄목임을 알기 때문이다.
공식 금융권을 통하지 않은 돈거래를 했다는 사소한 트집거리 하나
가 불법이민을 도운 매국노로 침소봉대되고 미국 주류 사회에 이는
용납될 수 없는 대역죄가 된다. 미국 시민들이 존 강의 집 앞에 몰려
와 "미국인에게 미국을!" 또는 "우리는 제기랄, 우리 미래를 되돌려
받겠다"라는 현수막을 흔들며 데모를 한다(p.331). 뉴욕시장의 유력
후보였던 그가 '범죄자'로 드러나자, 한국계라는 이유로 백인으로서
는 있을 수도 없는 처벌인 국외 추방형을 당한다.

신변의 위협을 느낀 헨리는 존 강의 후원자 명단을 어쩔 수 없이 사장에게 넘겨준다. 뉴스에서 존 강의 후원자로 신분이 노출된 수백 명의 불법체류자들이 추방당한 것을 보고 그는 자신이 초래한 결과를 대면한다. 오직 헌신으로 키운 아버지의 "미국인 외아들"이 "그가 상상할 수 있는 가장 어두운 판본의 인생을 살은" 것을 안다면 어떻게 반응하실까 하고 헨리는 자탄한다(pp.333~334). 그는 자신의 착취적 삶이나 존 강의 좌초당한 공적 삶에 비추어 보며 아버지의 삶의 현실적 의미를 새삼 깨닫는다. 이주의 역경을 고국인과의 결속으로 헤쳐 왔고 그 후로는 이주국에서 일가를 이루는 데 헌신한 아버지의 삶의 의미를 새롭게 바라본다. 이전에는 "아버지와 종업원들의 온갖 콩글리시, 스팽글리시, 자이브의 우스꽝스런 톤이 수치스럽고 화가 났었는데", "이제는 아버지의 말을 한번만 다시 듣게 해준다면 가장 소중한 모든 것을 다 내놓겠다"라고 말한다(p.337). 고국을 떠나 미국으로 이주해 온 갖가지 민족계의 운전수와 일용직들의 삶과 아버지의 삶을 동일시하게 되는 것이다.

민족을 가로지르는 존 강의 디아스포라적 실천이 가당찮게 이상적으로 보이더라도 그 방향이 옳다고 작가가 제시하고 있음은 헨리의 태도에서 드러난다. 추악한 자로 매도당하는 강에게 헨리는 경탄을 보내며 군중의 뭇매를 맞는 그를 위해 대신 몸을 던지기까지 한다. 그가 자신의 인생 행로를 바꿀 정도로 존 강의 이상에 의미를 부여하며 회고하는 『네이티브 스피커』는 피츠제럴드의 소설 『위대한 개츠비』를 연상시킨다. 존 강의 '터무니없이' 큰 이상과 그것을 위한 인생을 건 노력과 좌초, 그것을 지켜보는 헨리의 감명과 의미 증언은 꼭 아무 기반도 없는 개츠비가 '터무니없이' 데이지라는 상류 여성이 표상하는 부를 꿈으로 설정하고 그것을 위한 인생을 건 노력과 좌초, 그것을 지켜보는 닉의 감명과 의미 증언을 연상시킨다. 존 강과 개츠비의 꿈은 한 개인의 꿈이 아닌 미국의 꿈이라는 아우라와 시사성을 갖게 한다. 현대가 시작되는 1920년대 뉴욕에서라면 지배 세력과 주변 세력은 상류층 백인과 하류층 백인으로 설정되는 것이 그 시대상을 보여 주기에 적합하겠지만, 전 지구적 자본주의와 이주의 시대인 2000년대 뉴욕에서 지배 세력과 주변 세력은 백인과 유색 이주민인 게 적합할 것 같다. 두 증언자 중 닉은 현명한 판단력과 양심을 가진 신뢰성을 주는 화자이고, 헨리는 올바른 인생을 살아온 사람은 아니나 배반자의 회개 서사라는 점에서 신뢰성을 주는 화자이다.

가장 포괄적이고 진보적인 개념의 디아스포라를 실천하는 존 강을 좌초시키는 것은 이민국과 주류 사회이다. 초국가 시대라 불리는 현재에도 시민과 비시민, 입국과 추방의 경계를 결정짓는 국가의 권력이 얼마나 막강한지가 부각된다. 주류 사회가 존 강에게 드러내 보인 '양심'은 자신들이 용인하는 선을 넘어오는 소수민족계 사람에 대한 원시적 분노이다.

아버지와 존 강의 인생을 번갈아 대비되게 구성한 헨리의 회고는 디아스포라의 추이를 보여 준다. 『네이티브 스피커』는 이민자들이 이민 온 초창기에는 고국의 사람들과의 결속에서 힘을 얻는 경향이 있다가 점차 자기 민족의 틀을 벗어나 미국 내의 다른 민족들 속에서 공통분모를 찾으며 함께 뭉쳐서 정치적 힘을 키우려는 움직임을 그리고 있다. 주류 사회의 비열한 응징에 의해 디아스포라들의 정치 세력화가 비록 좌초된 것으로 끝나지만, 이 소설은 민족을 가로질러 공통분모를 찾는 자들이 더욱 많아질 것이고 그것은 이미 시대적 흐름임을 전하고 있다.

4장

동화와 그 이면
창래 리의 『제스처 라이프』

창래 리는 데뷔작 『네이티브 스피커』에 이어 두번째 작품 『제스처 라이프』를 통해서도 독자들의 많은 관심과 비평가들의 호평을 받았으며 그에 따른 명예로운 수상도 이어졌다. 두 작품 모두 상업성과 예술성 면에서 성공했지만 두 작품의 성격은 사뭇 달라, 그의 역량과 잠재력을 더욱 돋보이게 한다. 『네이티브 스피커』는 탐정소설의 형식을 통해 다민족 이민 국가인 미국 사회의 갈등과 잠재력을 속도감 있는 목소리와 웅장한 스케일로 전달하는 정치소설이라면, 『제스처 라이프』는 뉴욕의 안락한 교외에 사는 은퇴한 동양인 노인의 일상과 과거에 대한 정적인 이야기이다. 일본계 미국인 독신 남자인 프랭클린 하타Franklin Hata는 친절과 봉사로 의료기기 상회를 성공적으로 운영하다 은퇴한 경제적으로 여유로운 노인이다. 소설 앞부분에서는 70대 은퇴 노인의 단조로운 일상 이야기에서 어떤 소설적 긴장과 변모가 있을 수 있을까 하는 의문이 들 정도로 범상한 이야기가 진행된다. 이 소설은 평온하고 순응적인 이야기가 진행되다가 점점 예상치 않은 놀라운 사실이 드러나는 구조를 가지고 있다. 일본계 노인의 잔잔한 회상은 태평양전쟁과 위안부에 대한 언급이 시작되면서 점점 더 경악스러운 과거가 드러나고 그 과거가 현재에 미치는 영향이 펼쳐진다.

글의 서술자는 뉴욕 중상류 교외 지역에 사는 70대 노인 하타이다. 그가 소설을 여는 첫 문장은 "여기 사람들은 다 나를 안다"이다(Lee, *A Gesture Life*, p.1). 그는 계속해서 "이곳의 모든 사람이 내가 누구인지 완전히 안다"라고도 하고 사람들이 나에게 "비우호적이지 않다"라는 말을 계속한다. 자신이 주체가 되어 이 지역이 어떻고 이 사람들이 어떠하다고 서술하는 능동적 시각이 아니라 그들이 "나를 알아보고" 나에게 "비우호적이지 않고"라는 피동적 시각으로 일관한다. 처음 몇 쪽만 읽고서도 알아챌 수 있는 그의 특징은 타인의 시선에 대한 지나친 의식과 주체성과 자신감의 결여이다.

전체에 자신이 속하느냐에 연연하는 피동적인 사회 인식과 더불어 책의 서두에서부터 알아챌 수 있는 또 하나의 중요한 특징은 회피적 서술 방식이다. 작품의 화자로서 자신의 과거의 의미를 되새겨 보고자 하는 이 소설에서 하타는 과거에 왜 그렇게 행동했는지를 설명하기란 어려운 것이며, 무엇이 승리이고 실패인지 확실하게 말하기란 어렵다고 한다. "왜냐하면 과거는 흔히 너무 가혹하기도 하고 너무 아부를 띠기도 해서 가장 불안정한 거울이며 사람들이 믿고 싶은 것처럼 진실을 반영하는 게 전혀 아니라는 것이 새로운 사실이 아니기 때문이다"(p.5). 혼합된 국적과 민족성을 가진 그가 자신의 과거를 반추하여 서술하는 소설의 도입부에서 '과거는 가장 불안정한 거울이며 절대 진실을 반영하지 못한다'라고 언급하는 이유는 무엇일까? 이는 내키지 않지만 마지못해 과거를 말할 수밖에 없는 상황에 처한 그가 앞으로 말할 과거에 대해 미리 연막을 피우고 사실이 아닐 수도 있다고 회피적인 태도를 취하는 것이다. 이 회피적 서술은 패싱passing(다음 절 참조)과 동화로 자신의 정체성을 형성하려 무진 애를 써 온 사람이 취하는 태도로서는 매우 일관성이 있다.

하타는 70세인 현재의 상황을 그리다가도 어떤 단서를 만나면 태평양전쟁에 일본 군의관으로 참전했던 20대 초반의 자신과 위안부 여자 '끝애'Kkutaeh에 대한 생각으로 되돌아간다. 되풀이되는 이런 경향 때문에 몇몇 비평가들은 끝애와의 관계로 인한 심리적 트라우마가 결정적인 원인이 되어 결과적으로 하타가 그렇게 회피적이고 제스처적인 삶을 살게 된 것으로 본다. "하타의 젠더화된 트라우마"를 그의 '제스처 라이프'의 가장 중요한 원인으로 보기도 하고(이소희, 「『제스처 라이프』에 나타난 젠더화된 트라우마」, 138쪽), 이 소설을 "위안부들을 감시·희생시키도록 명령받은 군인 중의 한 사람에게 미치는 그 잔혹 행위의 평생에 걸친 여파에 대한 탐구"로 보기도 한다(Sayers, "Little Comfort Given", p.19). 그러나 하나의 치명적인 사건이 가장 중요한 영향이 되어 하타의 인생이 그러한 형태를 띠게 되었다고 보는 것은 적합한 설명은 아닌 것 같다. 그는 세상을 조금 알게 되기 시작하던 어린 시절부터 이미 일본인으로 행세하고 있었고 그 뒤의 일상생활 속에서, 또 인생의 고비마다 지배 세력 속에 편입되려는

강한 동화 성향이 일관되게 나타난다. 창래 리는 한 인터뷰에서 하타
가 자신의 인생과 정체성을 어떻게 구축하는가에 소설의 초점을 두
었다고 하면서 다음과 같이 말한다.

그게 이 책이 진정 관심을 두는 것입니다. 이 책은 그 남자가 자신의
인생과 정체성을 구축하는 방식에 관심을 둡니다. 위안부와의 관계
와 전쟁 당시의 경험만이 그를 현재의 그가 되게 한 유일한 원인은
아니지요. 그렇게 간단하지 않습니다. 나는 사회 속의 강력한 당파에
속하고자, 일본인에 속하고자, 군대에 속하고자 필사적이었던 사람,
그 결과 그것이 그로 하여금 어떤 것을 하지 않게 하는 요인이 되고
사람을 위하는 편에 서지 않게 되고 옳은 것에 서지 않게 하고 사람
을 보호하는 쪽에 서지 않게 하는 것에 초점을 둡니다. 말하자면 그
의 실패지요. 내가 볼 때 이 책은 그가 저지른 한 가지 죄와 그 죄가
그의 전 생애를 어떻게 변화시켰는가에 대한 것이 아닙니다. 이 책은
그의 전 생애에 대한 것이고 그 한 가지 특정 죄가 어떻게 전 생애를
반영해 주고 있는가에 대한 것이지요. 원인-결과의 관계가 아닙니
다. (Lee, "Language and Identity", pp.221~222)

창래 리는 이 소설이 하나의 죄가 하타의 전 생애를 어떻게 변
화시켰느냐가 아니라 그 죄가 인생의 다른 국면에서 어떻게 반영되
고 있는가를 보여 주고 있다고 말한다. 조선이 강점되었을 당시 일
본에서 거주하던 하타의 부모들은 자신들이 받을 박해를 피하기 위

해 조선인이 아닌 일본인 행세를 했었고 그는 소년기에 구로하타 가문으로 입양되었다. 일본 군의관으로 버마에 주둔하다 위안부 여자의 죽음을 자초하기도 했던 그의 비겁한 행적은 미국으로 이민 온 뒤 현재에 이르기까지의 그의 인간관계에서도 일관되게 반복된다. 그가 비겁했다고 하면 어떤 나쁜 짓을 크게 저지른 것으로 생각하기 쉽다. 그런데 그는 적극적으로 어떤 악한 행동을 한 것은 전혀 아니다. 그는 소극적으로만 반응하거나 행동을 했어야 옳았을 때 행동을 하지 않고 방치함으로써 여러 번 나쁜 결과를 낳아 왔다. 그렇다고 그가 매정한 사람도 아니다. 그는 기질상 동정심과 공감력이 상당히 있는 친절하고 부지런한 사람이다. 그런데도 그가 사람들의 입장에 서지 못하고 매번 자신의 이익을 우선에 놓게 되는 것은 순전히 동화적 삶에 치중하고 있기 때문이다. 어린 시절부터 고국이 아닌 곳에서 모호한 위치에서 살아야 했던 그는 현재까지도 그 거주국의 지배 세력, 주류 사회에 순응하고 맞추는 것에 치중해 오고 있기 때문이다. 그 동화의 삶이 결국 자신의 삶에서 진실을 없애 버리는 제스처 인생이고 책임 있는 옳은 행위와는 점점 거리가 멀어지는 비윤리적인 삶임을 이 소설은 그려 내고 있다.

1. 전체주의에의 추종: 패싱

『제스처 라이프』는 주인공의 정체성을 탐색하는 소설이다. 근면하고 친절하게 인생을 살아온 하타가 그럼에도 윤리적으로 의심쩍은 삶을 살게 된 첫 단계는 자신의 정체성 부정이다. 창래 리는 "하타가 그저 단순히 일본인이 아니라 일본인 행세를 하는 한국인이라는 점"이 이 이야기의 흥미로운 비틀기라고 말한다(Lee, "Language and Identity", p.222). 만일 그가 일본 군대에 들어간 다른 사람과 마찬가지로 일본인이라면 그의 행적은 일본인의 만행의 또 하나의 예에 지나지 않았을 것이다. 소설을 정체성에 대한 심오한 탐색으로 만든 것은 본래의 국적인 조선인이 아닌 일본인으로 행세함으로써 야기되는 그의 갈등과 저버린 도리에 대한 천착 때문이다. 다른 존재로 행동하기, 즉 패싱을 수행하고 다른 사람에게 그렇게 인식되고 받아들여지기 위해 그것에 방해가 되는 가까운 사람에게 어떤 행동을 하거나 하지 않음으로써 죄를 짓게 되는 과정과 결과를 추적한 것이 이 작품의 심오한 윤리의식이다.

패싱은 동화의 극단적인 한 유형이다. 동화는 고향과 고국을 떠난 사람이 거주국의 문화와 가치관을 익혀 거주국 국민으로 소속되고자 하는 삶의 방식이다. 패싱은 익히고 모방하는 동화에다가 '행세하기'라는 속임이 강하게 배가된다. 패싱은 본디 일반 사람들이 자신을 분류하는 것과는 다른 인종으로 자신을 동일시하기로 선택한 어떤 인종 그룹을 지칭한다. 특히 미국에서는 백인과 유사한 신체적 특징을 지닌 흑백 혼혈들이 자신의 흑인 정체성을 숨기고 백인으로 행세하는 것을 뜻한다. 넬라 라슨이 쓴 『패싱』에서처럼 겉모습으로는 백인과 구별이 안 되는 하얀 피부를 가진 혼혈 물라토들에게 백인 행세를 하여 인종의 경계를 '패싱'하고 싶은 유혹은 위험천만하면서도 강력한 것이었다. 패싱은 인종차별 사회 속에서 흰색이 갖는 신분적·물질적 특권뿐 아니라 자유와 보호를 누리는 완전히 격상된 존재로 넘어감을 의미한다. 이 유혹에 빠져 백인 행세를 한 흑인들을 다룬 소설과 영화들은 패싱을 흑인을 저버린 배반 행위로 보는 작품과 인종체제에 반항한 의미 있는 저항이라고 보는 작품으로 양분된다. 미국의 혼종과 인종차별의 역사적 산물로 이해되는 패싱은 오늘날은 소용이 다한 용어로 들릴 수도 있지만 패싱을 둘러싼 사회적 불안 중 많은 것이 아직도 존재한다. 현재의 다민족·다문화 사회에서 패싱은 인종을 넘어 민족과 종교와 젠더 등의 영역으로 확장된다.

하타의 패싱은 피식민지인에서 제국 국민으로의 패싱이다. 그는 자신이 본래 속하는 민족이 식민지가 된 불리한 상황 때문에 유리한 정체성을 위해 일본인으로 패싱한 경우이다. 본디 그는 1930년대 일본에 거주하는 조선인 가죽무두장이의 아들이었다. 피식민 조선인인 그의 가족은 식민국인 일본에 거주하면서 일본의 차별성과 폭력적 억압성을 처절히 인식하였다. 하타의 부모는 멸시와 억압을 당하지 않기 위해 조선인임을 감추고 살아 하타의 한국 이름을 한 번도 불러본 적이 없다. 하타 가족의 패싱은 일차적으로는 조선인에 대한 멸시와 억압을 피하기 위한 생존적 필요에서 비자발적으로 생긴 것일 수 있다. 일본제국에 살면서 조선인임을 드러낼 경우 당할 억압과 역경을 생각하면 조선인임을 숨기고 산 것을 비판하기란 쉽지 않다. 그러한 단순치 않은 역사적 상황을 배경으로 하여 창래 리는 하타의 패싱 심리와 그것의 여파를 그린다. 하타의 경우, 생존을 위해 패싱을 하는 것이면서도, 그렇게 이해하고 넘어가기에는 지나치게 적극적이고 자기 민족에 대한 혐오가 너무 심하다.

그는 정복당한 조선인임을 수치스럽게 여기고 그 시절을 자기 인생에서 없는 부분으로 치부하였다. 그가 열심히 공부에 매진하여 일본인 사업가 구로하타의 가문에 수양아들로 들어가게 된 12살 즈음부터를 그는 "진정한 내 인생의 시작"이라고 한다(Lee, *A Gesture Life*, p.72). 이때에야 자신은 "진정한 자아의 위안"과 "자아와 사회 간의 조화로운 관계"를 획득했다고 말한다. 그가 말하는 자아와 사회 간의 조화란 무두질을 하는 가족과 수치스러운 한민족이 사는 게토 지역을 벗어나는 것이라고 한다. 그가 자기 민족을 수치스럽고 낙오된 족속으로 여기는 것은 일본 식민 담론과 인종주의를 그대로 내면화하였기 때문이다. 19세기 후반 봉건체제를 청산하고 근대국가를 형성 중이던 일본에게 성공적인 근대국가의 표본은 영국이나 프랑스와 같은 강력한 서구 제국들이었다. 일본은 서구에 대해서는 아시아의 인종적 열등을 인정하면서 동시에 다른 아시아 국가에 대해서는 근대화에 뒤처진 미개한 국가라고 멸시하였다. 일본은 서양에 대한 생리학적 열등감을 극복하기 위해 각 종족의 근대화 정도를 척도로 하는 새로운 인종론을 주창한다. 근대화에 뒤떨어진 중국인, 한국인, 버마인 등은 열등한 인종이며, 일본은 "스스로를 대표할 수 없는 아시아를 대신해서 그들을 대표해야 한다는 도착된 자부심"이 그것이다(박지향, 『제국주의』, 272쪽).

일본 식민주의의 인종주의는 '대동아전쟁' 당시 하타의 상관이던 오노 대위의 태도에서 명시된다. 군의관인 그는 당시 인종주의에 근간한 제국주의에 사로잡힌 일본 지식인을 상징한다. 근대화의 정도로 유전적 우열을 구분하여 민족을 등급화하는 인종주의를 주장한 대표적인 사람들이 고고학자, 심리학자와 의사들이었다(Weiner, *Race and Migration in Imperial Japan*, p.58). 일본군이 점령한 버마에서 오노는 버마인 구두장이를 도둑질을 했다는 이유로 잡아와 산 채로 배를 갈라 심장을 드러낸 뒤 맨손으로 마사지하는 시범을 보인다. 결국 버마인은 죽어 실려 나가게 되고, 이는 피식민지인의 살아 있는 몸이 생체실험 대상이 되는 현장이다. 일본인으로 패싱한 하타가 일본 제국주의의 시각을 그대로 답습하고 있음은 전혀 예기치 않은 그의 반응에서 보인다. 하타는 이 생체실험을 부당하고 끔찍한 폭력이라고 전혀 느끼지 않고 "거의 마술 같았고" "어떤 다른 것보다도 더 학구적"이었다며 경외심을 표현한다(Lee, *A Gesture Life*, p.76).

진짜 의사는 아니었지만 나는 야전과 비상시에 동료를 돕고 격려하며 가능한 한 그들의 생명을 구하도록 충분히 훈련을 받았고 국가와 황제를 위하여 내 의무를 완수해 왔다. 나는 우리 민족의 보다 더 큰 운명과 지령이라고 모두들 생각하는 것의 한 부분이 된 데 고마웠고, 내 준비된 훈련이, 아무리 어렵고 끔찍한 것일지라도 현장 경험을 통해 시험을 받고 인정을 받기를 희망했다. 보다 구체적으로는 내 최대의 용기가 전쟁터의 도가니 속에서 발현되어 나를 내 비천한 혈육의 거주지로부터 빼내 온 것이 가치 있는 일인가를 의심했을지도 모르는 사람들에게 그것이 옳았음을 증명해 보이고 우리 민족 내의 본질적인 정신을 발현해 보여 주고 싶었다. 그러면서도 아직도 나는 항상 훈련이나 양육이 우리가 물려받은 순전히 흙이나 재나 피보다 더 많은 것을 말해 준다는 것이 과연 맞는지 궁금하였고 혹은 이러한 사회적 단련이 결국에는 죽은 자를 감싼 옷처럼 떨어져 나가 그 밑의 뼈를 드러내 보이는 것은 아닌지 항상 두려웠다. (p.120)

자신의 이익을 좇아 전체주의를 추종하는 그는 스스로의 패싱 심리를 국가라는 대의명분으로 포장한다. 자신이 동인이었고 행위자였음을 의도적으로 보지 않고 목적을 가진 국가가 그렇게 한 것이라고 함으로써 생기는 치명성은 맹신적 전체주의, 여기서는 국가주의이다. 그는 내 비천한 민족과 혈육의 수렁에서 자기를 빼내 준 일본제국의 크나큰 은혜에 이 한 몸 다 바치고 국민의 지령에 충직하게 살겠다고 결의한다. 자기 본래 민족에 대한 수치와 배반은 일본제국에 대한 맹목적인 감사와 충성으로 일관되게 이어진다. 심지어 혹시 지금까지 익혀 온 일본인으로서의 양육이 한순간 벗겨져 나가 본래의 혈통이 발각되는 것은 아닐까 두려워하기까지 한다. 이렇게 자신이 채택한 민족국가에 대한 목적의식으로 스스로를 다지는 하타에게 조선인 위안부 끝애와의 만남은 그의 생을 뒤흔들어 놓는다.

끝애와의 만남은 하타가 의도하거나 선호하던 것보다 어떤 사람과 훨씬 더 심정적으로 연루되었을 때 결국 그가 그것을 어떻게 처리하는지를 보여 준다. 일본군 군의관으로 위안부의 검역을 맡은 그는 그 위안부에게 박해자이면서 동시에 숨은 조선인 동포이다. 하타가 끝애를 K라고 부르는 것은 이 난감한 갈등 상황에서 "두 사람이 같은 민족 사람임을 발설하고 싶지 않고 자신이 K에게서 느끼는 강한 동일시를 차단하고 싶은 욕망의 표시이다"(Carroll, "Traumatic Patriarchy", p.603).

감시자인 하타는 양반의 자제로서의 품위와 자존심을 지닌 아름다운 K에게 매료된다. 하타에게 K는 거의 사랑한다는 느낌이 생길 정도로 강한 욕정을 느끼게 하는 여자이다. 한편 위안부로 끌려온 K에게 하타는 절체절명의 위기 속에서 마음을 터놓고 부탁을 할 수 있는 유일한 사람이다. 인간으로서는 견딜 수 없는 일본군의 성노예가 된 상황에서 K가 선택할 수 있는 길은 죽음뿐이고 그녀는 그에게 자살을 도와 달라고 부탁한다. K는 하타의 뜻대로 자기 몸을 내주어서라도 도움을 받고자 한다. 두 사람의 성교는 자살만이 유일한 희망인 K가 상대방이 자기 뜻을 받아들이도록 하기 위해서 자기 몸을 가지게 놔두는 행위이다. 하타가 성관계 후 K에게 '사랑한다'라고 말하는 것은 한편으로는 진짜로 그런 마음이 순간 우러나서이기도 하겠지만, 다른 한편으로는 부도덕한 동료와 자신이 똑같게 되는, 욕정에의 끌림을 인정하고 싶지 않은 마음 때문이기도 할 것이다. 다른 사항에 대해서도 습관적으로 대의명분을 환기시키던 그는 욕망 대신에 사랑이라는 명분을 무의식적으로 발동하는 것이다.

첫 관계 후 울고 있는 그녀를 보며 그는 불만스럽게 생각한다. "내가 그녀에 대한 내 헌신을 고백하지 않았던가. 전쟁이 끝나면 내가 어떻게 할 작정일지를 그녀가 알도록 말해 주지 않았던가?"(Lee, *A Gesture Life*, p.261). 그녀의 현재의 감금 상황과 전적으로 모든 권한이 하타에게 놓여 있는 상황을 고려할 때 "하타의 용어는 강간을 사랑으로, 강제를 약속으로" 바꿔 놓은 것이고 그는 로맨스라는 용어로 폭력의 권한을 휘두른다(Cheng, "Passing, Natural Selection, and Love's Failure", p.559). 이 점은 첫번째와 두번째 성관계에서의 그의 태도에서 나타나는 차이를 보면 명확하다. 사랑 운운하던 것은 K가 다른 군인들에게 아직 보내지지 않아 자신이 첫 남자이고 유일한 남자임을 알고 있기에 가능한 일이었다. 그러나 오노 대위에게서 그가 임신했다는 말만 듣고도 모든 게 달라져 하타의 말과 행동은 미묘하게, 그렇지만 확실히 돌변한다(Chuh, "Discomforting Knowledge", p.10). 두번째 성관계는 임신 여부를 알아보기 위한 몸 검색이다. 그녀는 첫번째 성관계 때보다도 훨씬 심각하게 순전히 물체로만 묘사된다. 그는 그녀의 감정에 대해서는 생각해 본 적이 없어 당연히 묘사하지 않고 오노 대위에게 얻어맞은 상처 때문에 성교 중에 느끼는 자신의 통증만 언급한다. 이 성관계는 순전한 배설 행위이며 그의 의심과 분노를 배출하는 강간 행위임을 하타 자신도 뚜렷이 인식하고 있다는 점이 관계 직후의 장면에서 암시된다.

나는 그녀를 힐끔 건네다 보았고 그녀가 무릎을 세우고 그 위에 모아 잡은 팔 위에 얼굴을 묻은 채로 있는 모습만이 보였다. 비록 그때의 나는 젊고 심각하고 겁에 질려 있었지만 그녀가 그렇게 얼굴을 감추고 있는 것은 나를 피하기 위해서만은 아니라고 확신하고 있었다. 그 장소와 시간, 그 모든 전체적 그림과 세부들로부터 얼굴을 숨기고 싶었던 것으로, 즉 우리 주변의 남루하고 거무스름한 구조물, 칙칙한 공기의 불결함, 완전히 감금된 데 대한 답답함과 불안감, 비현실적으로 멀리에서 벌어지는 전쟁과 같은 그 모든 것으로부터 숨고 싶었던 것일 게고 그리고 물론 나로부터도 숨고 싶었을 것이다. 왜냐하면 내 나름대로도 나의 갈망과 소망과 헛된 희망 같은 온갖 것이 결국은 순전히 실현성 없는 공수표가 될 것임을 짐작하고 있었기 때문이다. 결국 그녀가 할 수만 있다면 피하고 싶었던 것은 언제고 닥쳐올 게 뻔한 참상과 공포는 아니었다. 그녀는 젠틀한 소년의 얼굴, 즉 그 자신의 떨리는 욕망에 따라서만 행동할 용기밖에 가지지 않은 사람의 부드럽고 평온한 그 얼굴로부터 할 수만 있다면 정말 숨고 싶었던 것이다. (Lee, *A Gesture Life*, p.295)

회고하는 그는 그녀가 다리 사이에 얼굴을 묻고 있는 것은 불결한 공기와 지겨운 감금과 전쟁을 잊고 떨쳐 버리고 싶어서라고 믿고 싶었지만, 자신을 물리치고 싶은 마음이 가장 컸음을 이제는 어쩔 수 없이 인정하는 것이다. 젊은 남자가 자신의 욕망에 떨면서 곁에서 떠나지 않는 것을 물리치고 싶었던 것이라고 묘사함으로써 그녀와 자신의 관계의 실체를 이제는 본다.

하타는 행동을 간곡히 요청받는다. 오노 대위를 죽이게 된 K는 다른 군인들에게 발각되기 전에 하타에게 자신을 죽여 줄 것을 간곡히 요청한다. 그러나 하타는 행동을 하지 않는다. 그녀를 살려 둠으로써 K가 훨씬 더 잔혹하게 죽게 되는 것을 선택한 것이다. K는 곧 발각되어 공터로 끌려가 윤간당한 뒤 난도질당한다. 여기에서 행위자는 절대 단순하지 않고, 어떤 결심을 하지도 않는다. 군인들에게 끌려가는 K는 하타가 자신을 버렸다고 생각할 것이고, 독자는 그가 비겁하다고 혹은 이기적이라고 비난할 수 있다. 그러나 겉으로 볼 때는 하타는 손가락질을 당할 악행을 저지르지는 않았다. 그는 나쁜 행동을 행한 것이 아니라 그냥 행동을 안 한 것이다. 무행위를 선택한 것이다. 그럼으로써 그녀는 피하고 싶었던 '참혹한' 죽음을 당하고, 그는 안전해진다.

하타가 제국으로의 패싱을 지속하기 위해서는 그녀를 넘겨주어야 했다. 물질적·사회적 이익을 좇아 선택한 패싱 안에는 이러한 인간적 저버림이 이미 다 포함되어 있었다. 패싱이 함축하는 것들을 그가 다 알지 못했을 뿐이고 그는 지금껏 가장 외면하기 힘들었던 K를 저버리는 것으로 패싱의 시험을 통과했다. K의 요청을 들어 주는 것은 지금껏 만들어 온 자신의 신분을 깨트리는 것이고 그토록 원해 왔던 일본 국적과 일본 군대를 위반하는 것이다(Cheng, "Passing, Natural Selection, and Love's Failure", p.560). 그는 자신이 그녀의 죽음을 초래한 자가 되려 하지 않았고 가장 처참한 능욕과 난자질이 될 것임을 예측하고서도 그녀를 내준 것이다. 하타가 전쟁 기간 동안 실천한 패싱은 일본 군대에 자신을 맞춘 정도에 그치지 않는다. 그것은 잔혹한 범죄에의 공모이다.

2. 주류 사회에의 적극적 순응: 동화

앞서 밝혔듯이 창래 리가 이 작품에서 초점을 두는 하타의 정체성 구축은 하나의 죄가 그의 전 생애를 어떻게 변화시켰느냐가 아니라 그 하나의 죄가 인생의 다른 국면에서 어떻게 반영되고 있는가이다. 그는 패싱의 이기성을, 그리고 K 사건에 자신도 공모자였음을 인정하지 않는다. 유리한 것을 선택하는 패싱 심리와 비참한 사건에 자신도 공모자였음을 부정하는 태도는 하타로 하여금 계속해서 똑같은 상황을 재생산하게 만든다. 패싱을 하면서 K를 저버렸던 하타는 미국에 동화하기 위해 입양한 딸 써니를 자신의 뜻대로 재단하고 강제하게 된다.

하타는 일본제국의 만행과 일본군의 잔혹함을 목격하였지만, 스스로 일본 국민임에 어떤 회의를 느끼게 되었는지는 전혀 서술하고 있지 않다. 본디 독자에게 다 말해 주지 않고 속을 있는 그대로 서술하지 않는 그는 그의 인생 행로를 완전히 바꾼 그 사건에 대한 소감을 직접 말하지 않는다. 다만 자신의 결연한 작심과 인생에서의 일정 부분의 포기를 다음과 같이 간단히만 말한다. "내가 일본을 영원히 떠나기로 결심한 이후로는 나는 여자들이나 친밀한 관계나 우정에 대해서는 생각하고 싶지도 않았다." "변명처럼 들릴지도 모르지만 그리고 아마 조금은 씁쓸하게 들리겠지만, 새로운 땅에 도착하는 것이 얼마나 기운을 소진시키는지, 얼마나 마지막 원기까지 소모시켜 버리는지를 다른 사람들은 잘 모를 거다"(Lee, *A Gesture Life*, pp.48~49).

　일본을 버리고 자유와 민주주의를 상징하는 미국에서 살고자 이주한 뒤 그는 미국에서 어떤 삶의 방식을 선택하는가? 일본에서의 비밀스런 삶을 가슴에 묻고 더 이상 잃을 것이 없는 상태로 온 하타에게 미국에서의 생활은 동화에의 전념이다. 이런 그에게 "가장 제한된 종류의 친밀함"이 예의인 미국인들의 개인주의적 성향은 오히려 자신에게도 반갑게 느껴진다. 미국 중산계층 백인들이 여유롭게 살고 있는 뉴욕 교외 지역에서 "특별히 외국인, 그리고 일본인임에도 불구하고" 하타가 어렵지 않게 받아들여지게 된 이유는 중산층 미국인들이 싫어하는 지나친 접근이나 개입을 삼감으로써 얻어진다. 형식상 보내 준 초대카드 하나 받았다고 "포장한 선물과 초대장을 들고 달려와 기대에 부풀어 매달리듯 포옹하지 않는 데에 그들은 모두 특히 놀라워하며 만족해하는 것 같았다"(p.44).

　하타의 노력과 마을 사람들이 그를 받아들이는 과정은 그러므로 결코 긍정적인 것이 아니다. 여기 사람들은 다 나를 알고 있으며 자신은 그 사람들에게 인정과 존경을 받고 있다는 하타의 주장에도 불구하고, 독자는 곧 하타의 세계가 그가 믿고 싶은 만큼 그에게 우호적이지는 않음을 안다. 하타는 미국에 오면서 프랭클린 하타라는 이름을 사용했지만 사람들은 그를 이 이름으로 불러 주지 않는다. 그가 의사가 아님에도 사람들은 그를 "Doc Hata"라고 부른다. 이는 의료기기 상회를 하면서 일상적인 의료에 대해 조언을 친절히 해주는 그를 단지 역할자로만 바라보기 때문이다. 미국 주류 사회는 유익한 정보를 주며 귀찮게 하지도 않는 그에게 적당한 정도의 관계만 허락하고 있는 것이다.

데이비드 리는 아시아계에 대한 미국 주류 사회의 태도에 따라 1960년대경까지를 '소외'alienation의 담론이 지배한 시대로, 그 이후를 '비체화'abjection 담론이 지배한 시대로 지칭한다(Li, *Imaging the Nation*, p.6). 그는 아시아계를 완전히 배제하던 소외의 담론 때보다는 차별이 조금은 나아졌지만 현재도 계속되고 있는 미국 내의 아시아계에 대한 차별적 경계 짓기를 설명하면서 '비체화'라는 줄리아 크리스테바의 용어를 차용한다. 그는 '모범 소수민족'이라는 일견 칭찬의 의미의 용어도 사실은 아시아계를 미국 사회에 동화는 할 수 있되 절대 중심으로 들어올 수 없는 존재로 구별 짓는다는 점에서 비체화 담론이라고 말한다. 하타의 동화 실천은 거의 자기 자신에 대한 비체화 수준이다. 퇴원하는 하타를 태워다 주던 인디언 혈통의 병원 직원 레니가 지역 분위기가 점차 유색인종에 대해 비우호적이고 반감적으로 변해 가고 있다고 우려하는 말을 한다. 레니는 백인들이 이전에는 가게 주인들이 이탈리아인이나 아일랜드인이었는데 이제는 "프랑스어를 쓰는 흑인"이나 베트남인이 되었다고 불평하면서 "타운의 방향"에 대해 걱정하더라는 말을 하타에게 우려와 불만조로 전한다(Lee, *A Gesture Life*, p.134). 이에 하타는 다른 반응을 보인다.

"나도 때로 어떤 상황에서는 다소 불편함을 느끼는 건 사실이지만, 그 경우에도 그건 다른 사람의 잘못이 아니라 내 잘못인 게지. 레니,

자네는 이 생각에 동의하지 않겠지만, 거주하는 곳에서 편안하게 느끼지 못하는 경우에 그 결정적인 책임과 부담은 자기 것이라고 생각하며 살아왔네. 왜 그게 다른 사람의 탓이라는 거지? 어떻게 그렇다는 건가? 그래서 나는 한 시민으로서, 동료로서 파트너로서 보탬이 되도록 필요한 것을 알아서 한다네. 뭐 그게 그다지 성가신 것도 아니거든. 사람들이 숙덕거리면, 나는 못 들은 척한다네. 결국 어찌 됐든 내 자신의 평화와 위안을 만들어야 한다고 느꼈던 거지." (p.135)

이 말 속에 하타의 미국 생활방식이 압축되어 있다. 항상 도움이 되는 사람이 되기 위해 노력하고 문제가 생기면 자아비판을 하고 자숙하는 태도는 한 사회인으로서 바람직한 태도이다. 그런데 그게 철저한 순응과 무비판에서 나온 것이고, 미국 사회가 자신을 받아 주도록 자신을 무조건적으로 맞추려 하는 태도라면 문제는 달라진다. 그는 주류 사회에 받아들여지기 위해 자신의 생각과 가치관까지도 모두 그 기준으로 맞추며 단련해 온 것이다.

지나친 순응은 좋은 일도 순수한 의도로 할 수 없게 만든다. 동화는 아이를 입양하여 키우는 선한 행동까지도 불순하게 물들인다. 하타가 입양을 하는 데 이타적인 동기가 아주 없었던 건 아니지만, 그에게 더 중요한 이유는 지역 사회에 안정적으로 받아들여지기 위해 가족을 만들 필요가 있었기 때문이다. 입양한 써니를 그가 무엇으로 보는가, 하타에게 써니는 어떠어떠해야 하는가를 살펴보면 그 선한 행동 이면의 이기심이 들춰진다. 써니는 하타의 성공의 수혜자이면서 그 성공의 징표가 되어 주어야 한다. "나는 나 자신의 가족을 만들기를 희망했다"라고 그는 가족 형성에의 소망을 피력한다. 그 "편부모 가정"이 "하타 가문으로 좋은 평판을 얻고 좋게 알려"지기를 바랐다(p.204). 독신 동양 남성의 신분으로는 아무리 경제력이 있어도 백인 중산계급 가정에 받아들여질 만한 신뢰와 안정이 부족하다고 느꼈기 때문이다. 이를테면 써니는 그 자신의 성공적인 동화의 상징이 되어야 한다.

그러려면 써니는 그의 가부장적 존재를 굳건히 해주는 딸이 되어야 한다. 모범적 가정의 가장으로 그를 구축시켜 주기 위해서는 써니는 순종과 순결을 체현해야 한다. 하타는 써니가 피아노를 배워서 완벽의 경지에 이르는 연주를 하기를 원했고 자신이 사다 주는 양서들을 읽고 학업에 열중하며 불량한 친구나 사회악으로부터 차단되어 "영원히 청순하고 더럽혀지지 않기를" 바란다(p.114). 그가 부여한 순결한 딸로서의 역할을 써니가 해내지 못할 때 그의 문제점이 드러난다. 써니는 남들의 시선을 지나치게 의식하여 가식적으로 보이는 하타에 대한 반발심에서, 또 자신이 애초부터 아버지가 원하던 아이가 아니었고 기대에 부응하지 못한다는 좌절감에서 빗나간다. 써니는 하타가 원하는 피아노를 치거나 컨트리클럽의 행사에 참석하기보다는 슬럼 지역에서 마약을 하는 히피족들과 어울린다. 써니가 흑인 남자와 난잡한 몸짓을 하는 모습을 보게 된 하타는 이렇게 마음먹는다. "그때 나는 그녀가 그저 나에게 어떤 한 소녀나 여자이기를, 더 이상 나의 혈연이나 내 딸이나, 내 피부양인이 아니기를 바랐다"

(p.116). 써니가 자신의 기대에 전혀 부응하지 않고 오히려 자신의 평판에 흠을 내는 존재가 되어 버리자 마음으로 그녀를 저버린다.

하타는 처음부터 써니를 마음으로 받아들이지 않았었다. 하타에게 써니는 원하던 아이가 아니었다. 아마도 죽은 K에 대한 속죄의 마음에서 그러한 듯한데, 그는 입양기관에 "소박하게 가난하지만 근면한 한국인 가정의 자식"을 보내 달라고 했다. 그런데 "그것보다 훨씬 체통이 덜한 환경 출신"을 보내 주었다며 실망을 드러내더니 곧 "주한미군과 기지촌 술집 여자애 간의 하룻밤의 방종한 성접촉"으로 태어난 아이라는, 그답지 않은 심한 말을 내뱉는다(p.204). 다시 되돌려 보내지만 않았을 뿐 그는 처음부터 흑인 혼혈 피가 흐르는 써니를 마땅찮게 생각하고 있었다. 그 '불온한' 피 때문에 그가 그렇게 더 순결과 순종을 강요하며 써니를 키웠을 것이다. 아버지의 미덥지 않은 시선을 받고 자란 써니는 아버지의 사랑을 순수하게 바라볼 수 없다.

표리부동은 어떻게든 드러나게 마련이다. 사람이 자신의 본심대로 말하지 않고 본심과는 달리 선한 척하거나 사회가 원하는 행위를 비판 없이 따라하다 보면 주변 사람들이 알아차리게 마련이다. 뿐만 아니라 아무리 조심해도 자기 행위를 배반하는 본심이 불쑥불쑥 튀어나오게 마련이다. 곳곳에서 나타나는 하타의 의식적인 말과 표현된 단어 사이의 상충은 의도와 행위 사이의, 말과 본심 사이의 간극을 드러낸다. 써니의 마음을 추측하는 도중에 그의 본심을 힐끗 드러내는 기이한 단어가 불쑥 또 튀어나온다.

나의 써니도 내 생각과 매우 흡사할 거라고 생각했다. 그녀가 나에게 반드시 그렇게 감사한다거나 은혜를 입었다고 생각하지 않을 수도 있다. 하지만 최소한 그녀는 자신을 불결한 고아원으로부터 미국의 질서정연한 쾌적한 교외에 있는 가정으로 데려다 주어 자신과 비스끄름한 인종의 전망 있는 아버지와 상당한 재산도 있는 가정에, 아주 잘되면 행복하기만 할 것 같은 그런 가정에 보내 준 기관에 감사했을 것이다. (p.73. 강조는 인용자)

말의 취지인즉, 써니도 입양된 데 감사할 거라는 말이다. 그런데 표준적인 입양의 수사학에 어울리는 언어와 정서로 말하다가 갑자기 선한 의도와 어울리지 않는 "비스끄름한 인종"like-enough race이라는 단어가 나온다. 어찌 되었든 써니가 입양을 고마워할 것이라는 말 도중에 튀어나온 섬뜩한 단어는 하타의 마음 속에 은연중에 남아 있는 꺼림칙함을 잘 보여 준다. 백인 사회가 생각하는 인종적 사고를 그대로 답습하는 그는 써니에 대한 꺼림칙함을 떨쳐 내지 못하고, 그런 마음을 품고 하는 아버지의 사랑은 딸에게 사랑으로 받아들여지지 않는다. 동화에 전념한 삶은 진실이 아니고 제스처임을 들키기 때문이다.

주류에 소속되고자 하는 욕심은 써니의 동의 없이 임신중절까지 감행하게 만든다. 가출한 써니가 만삭이 되어 나타났을 때 그는 의사에게 거의 중절을 종용하며 직접 간호사 역할을 한다. 하타가 필사적으로 중절하고자 한 것은 흑인 혼혈 자손의 탄생이다. 그는 슬프고 두려운 써니의 감정 따윈 전혀 생각도 하지 않고 "두 사람의 실패를 뜻하는 깃발처럼 집 앞에 내걸릴 임박한 치욕과 당혹감만을 느꼈다"(p.340). 하타가 써니에게 임신중절을 어느 정도 강제적으로 했느냐는 중대한 문제이다. 이전에도 하타가 K에게 성관계를 할 때나, K를 최악의 상황에 남겨 둘 때 어느 정도 그가 행위자의 역할을 했느냐는 최대한 말 안 하거나 어쩔 수 없이 할 때에도 매우 미묘하게만 표현했다. 그가 써니의 중절 수술을 어떻게 강제하는지는 자세히 나와 있지 않다. 가출한 지 1년쯤 지나서 10대 소녀 써니가 부푼 배를 이끌고 아버지에게 전화를 한 것은 자신도 임신중절에 대한 생각이 없었던 것은 아니라고 생각할 수도 있다. 그런 점에서 딸이 확실하게 결심을 못한 일에 대해 딸의 미래를 생각해서 힘든 결정을 내려 처리한 것으로 볼 수도 있다. 하지만 어렵게 끌어 오던 부녀 관계가 이 사건 이후 완전히 파탄 난 것에서 그 과정의 강압을 짐작할 수 있다. 하타는 회상 마지막 부분에서 자신이 강제로 했음을 시인하지 않을 수 없음을 어렵게 은유적으로 고백한다. "그 순간의 자기 자신의 삶의 정확한 방식과 의미를 인식한다는 것은 매우 힘들 뿐 아니라 피하고 싶다." 그러나 "아무리 밀치고 밀쳐도 튕겨 올라오는 신호등처럼" 튀어 올라오는 진실은 "내가 그녀에게 그것을 강제로 했다"라는 사실이다(pp.283~284). 행동하지 않음으로써 자신의 안녕을 이전에 고수한 적이 있던 하타는 이번에는 써니의 신체를 강제로 통제하면서까지 자신의 안녕을 고수한 것이다.

3. 주체적 행위의 회복

하타는 그의 특징적인 죄, 즉 자신의 이기적 의도를 대면하지 않고 어떤 악행에 공모한다는 사실을 보지 않으려 함으로써 인생의 다른 국면들에서도 이를 되풀이하여 도의적 죄를 저지르고 있다. 그렇게 되는 요인은 자신이 취한 국가가 일본이었을 때든 미국이었을 때든 '입양된' 환경 속에 항시 자신을 맞추려는 데 몰두하기 때문이다(Jerng, "Recognizing the Transracial Adoptee", p.50). 자신을 취약한 주변 존재로 보고 중심을 향해 가는 구심력을 추종하기 때문에 그 방향을 막아서는 소중한 사람을 보호하지 못하고 저버린다. 그 자신도 이 회고록 마지막에 이르러서는 그러한 깨달음을 변명조이나마 확실히 보여 준다.

> 내가 원하는 모든 것은 덩어리의 일부(비록 백만분의 일일지라도)가 되는 것이었고, 그래서 제스처의 인생보다 더 심한 것을 견뎌 왔다. 그러나 이제 나는 내가 K나 다른 소녀들이나 군인들과 마찬가지로 사건들의 핵심적인 부분에 있었음을 알게 되었다. 진정 끔찍한 것은 우리들이 정말 중심에 있었고, 비록 우리가 더 넓은 과정에 연루되지는 않았더라도 우리가 모든 것을 소모하는 전쟁의 엔진에로 무턱대고 번번이 자신과 상대방을 잡아먹히도록 갖다 바쳤다는 것이다.
>
> (Lee, *A Gesture Life*, p.299)

그는 자신을 항상 '덩어리'의, 즉 주류의 한 부분에 속함으로써
힘을 얻는 그런 미약한 존재로만 생각했는데, 이제는 자기가 그 모든
일의 핵심적인 부분이었음을 깨닫는다. 자신은 물론이거니와 K와 군
인 한 명 한 명도 그 잔혹상의 중심에 서 있었음을 깨닫는다. 왜냐하
면 한 사람의 용기, 한 행위자의 주체적 행동으로 그 상황이 다르게
흘러갔을 수도 있었음을 이제는 인정하기 때문이다. 그렇게 중대한
행위성을 각자가 잠재하고 있었음에도, 결국에는 파괴적인 전쟁 엔
진 속으로 우리들 서로는 더 약한 상대를 밀어 넣고 그 잔혹한 흐름
에 자신을 내맡기며 살아남는 선택을 했던 것임을 깨닫는다.

창래 리는 인터뷰에서 "당신 소설에는 아주 다양한 에스닉 출신
의 인물들이 살고 있는데 이것이 어떤 사회 비전을 암시하는가"라는
질문에 그게 자신의 비전인지는 모르겠으나 그러한 다양한 민족계
들이 있는 사회에서 더 편안하다는 말을 한다. "나는 항상 어느 것도
당연한 것으로 받아들이지 않는 사람들, 절대적으로 안락하다고 느
끼지는 않는 사람들, 절대적으로 뿌리박힌 존재라고 느끼지는 않는
사람들을 대하는 게 좋다"라는 것이다(Lee, "Language and Identity",
p.224). 창래 리가 본국에서 타국으로 이주한 사람이나, 기존 사회의
주류에 속하지 않는 소수민족에게서 더 편안함을 느끼며 어떤 가능
성을 보는 것은 어딘가에도 포함되지 않는 이들의 느슨한 소속감에
서 어떤 공동체의식과 보다 비이기적인 윤리의식의 확장을 보기 때
문이다. 하타가 자기만족과 자신감이 가장 고조되어 있는 때가 윤리
적으로 가장 위험하고, 자신의 취약성을 알고 겸손해진 때가 윤리적

으로 가능성이 있게 되는 것도 같은 맥락이다.

그가 이제는 다른 사람을 위해 적극적으로 개입하는 책임감 있는 행위자로 변했음은 해변에서의 구조 장면으로 나타난다. 오랜 세월이 지난 후 써니와 다시 만난 그는 해변에서 흑인 손자 토머스가 물 속으로 사라져 버린 것을 본 순간 바다로 뛰어든다. 그때 마찬가지로 사라진 아이들을 구하러 뛰어든 젊은이 레니가 심장마비로 허우적대고 있는 모습을 본 순간 그는 두 사람을 다 구하지는 못할 거라는 직감이 든다. 그렇지만 그는 토머스를 물 위에 띄워만 놓고 다른 구조원에게 맡겨 두고 바로 레니에게 향한다. 그는 목숨을 걸고 죽을힘을 다해 손자만이 아니라 이웃 레니까지 구해 낸다. 이번에는 사람을 포기하지 않은 것이다.

그토록 열심히 노력해서 안정된 노년을 이루었지만 실패한 삶임을 자인하지 않을 수 없었던 하타는 마지막에는 자신의 성공적인 정착과 동화를 가시적으로 보여 주는 저택을 팔아 심장 이식을 기다리는 지인의 아들에게 유산을 나누어 준다. 마지막의 하타는 모든 욕심과 가식을 내려놓고 훌훌 길을 떠난다.

그것은 순례는 아닐 것이다. 나는 내 운명이나 숙명을 찾으려는 것은 아니다. 나는 창조주의 얼굴이나 죽은 자의 용서에서 위안을 구하려는 것도 아니다.

그저 내 육체와 피와 뼈를 지닌 것으로 족하다. 나는 닻을 올리겠다.

후에, 이 집이 그대로 존재하면 나는 밖에서 안을 들여다보겠지. 나는 이 도시든 아니면 다른 도시든 혹은 오천 마일 밖의 어느 곳을 이미 걷고 있을 것이다. 한 바퀴를 다 돌고 나면 흡사 집과 같은 곳으로 오게 될 것이다. (Lee, *A Gesture Life*, p.356)

하타는 지독한 순응에 몰두한 지금까지의 이기적 삶을 끊어 내고 가진 것을 버리고 유랑을 떠나고, 궁금해서 다시 와서 들여다보기도 하고 도달하는 곳이 다시 고향이 되는 그러한 삶을 살겠다고 말한다. 이는 꼭 하타다운 온건하고 정적인 디아스포라 선언이다. 앤 쳉은 마지막의 "하타의 비가시성의 상태에는 눈에 확 띄는 것은 아니나 중대한 변화가 있다. 에고를 보호하고 강화하는 패싱과 비체화의 비가시성으로부터 자기보호와는 정반대로 보이는 여정을 위해 밧줄을 끄르는 비가시성으로의 변화이다"라고 말한다(Cheng, "Passing, Natural Selection, and Love's Failure", p.571). 과거의 행동의 많은 부분을 작동하게 했던 수동적인 공격성이 아니라, 나쁜 믿음을 따라 행동하기를 적극적으로 거부하는 마음가짐인 것이다. 또한 자신을 왜소한 존재로 보고 주류 사회의 구심력을 좇아가며 소중한 사람들의 마음을 잃던 것으로부터, 소중한 사람들의 필요에 반응하는 사람이 되고자 한다. 더 이상 확고한 기득권층으로 동화되려 연연하지 않고 유랑을 떠나는 디아스포라로의 커밍아웃인 것이다.

5장

이주국에서의 문화번역
수키 김의 『통역사』

1. 문화번역의 일상화

현 시대에는 사람들의 생활 반경이 한 국가나 언어의 경계 내에서 결코 더 이상 머물지 않는다. 태어나면서부터 그다지 의식적인 노력 없이 습득한 언어로 같은 민족끼리 '자연스럽게' 의사소통할 수 있다는 생각은 더 이상 상식이 아니다. 같은 민족끼리만 동질의 문화를 이루며 살아간다는 생각 역시 더 이상 가능한 일이 아니며 올바른 생각도 아니다. 이 장에서는 현대사회의 문화가 얼마나 많이 경계를 넘고 섞이며 문화번역을 이루어 내고 있는지를, 그리고 그 문화번역이 주류 문화와 이민자 문화 모두에게 가능성을 더 확장하는 방향으로 풍성해지기 위해서는 어떠한 문화번역으로 나아가야 하는지를 본다.

우리나라로 이주해 온 사람들은 자산과 노동력뿐만 아니라 본국에서 터득한 문화와 습관도 몸 안에 지니고 온다. 대부분의 한국 사람들은 평소에는 한국적인 문화적 관습이나 가치관을 별로 의식하지 않고 살다가 타국에서 온 이주자를 접하면 한국적인 것과 대비되는 이질성에 대해 불현듯 눈을 뜨게 된다. 이와 같이 삶 속에서 매우 현실적이고 복합적인 접촉과 교차의 경험이 모두 번역의 경험이다. 이는 문자로서 분명하게 부각되는 번역의 경험보다 훨씬 더 복합적이고 종종 혼란스러운 문화번역의 경험이다. 이 경험은 낯선 타자와의 대면일 뿐 아니라 낯선 나와의 대면이기도 하다. 왜냐하면 이 문화 경험은 비슷한 사람들끼리 있을 때는 알지 못하던 자신의 편견이나 미움과의 편치 않은 대면이기도 하기 때문이다.

자신이 다른 나라로 이주하였을 경우라면 상황은 훨씬 긴박해진다. 문화번역은 낯선 타자와의 대면이며 내 안의 타자와의 대면이라고 추상적으로 말할 수 없게 생존의 문제가 된다. 여태껏 내 안에 스며들어 온 문화와 습관과 가치관은 주류인 '그들' 앞에서 무방비로 노출된다. 그들은 나의 모습 그대로를 보고서 반응하는 것이 아닐 뿐아니라 그들 또한 자신의 문화 속에서 습득한 편견에 크게 영향을 받는다. 이 상황의 문화번역은 매우 힘겨운 매 순간의 순응이나 갈등이나 반발의 혼합이다. 더욱이 문화번역은 문화들 사이의 관계가 평등하지도 자유롭지도 않기 때문에 생활 속의 거의 모든 문화번역에는 정치적 위계 구도가 작용한다.

고국을 떠난 사람이 이주국에서 어떻게 갈등하고 적응하며 살아가게 되는가라는 학문적 접근은 많이 이루어져 왔다. 이주국에서의 삶을 다루자면 으레 갈등·적응·동화라는 말이 중심어로 나오게 된다. 이 문제를 다룬 대표적인 사회학자인 존 베리는 소수민족 집단 이민자들이 미국과 같은 다인종·다민족 사회에서 어떤 문화 변용을 겪는가를 통합integration, 동화assimilation, 고립isolation의 세 가지 형태로 분리한다(Berry, "Acculturation and Adaptation in a New Society", p.72). 베리에 따르면 통합은 소수민족 이민자들이 거주국의 주류 사회에 활발히 참여하면서도 고유한 전통과 문화를 유지하는 경우이고, 동화는 이민자들이 주류 사회에 활발히 참여하는 과정에서 고유한 문화와 정체성을 상실하여 주류 집단에 흡수되는 경우이다. 고립은 이민자들이 사회 참여를 활발하게 하지 않으면서 자신들의 문화 정체성을 강하게 유지하려고 하는 경우를 칭한다.

이 분류는 미국에서 이주민들이 거주국과 어떤 관계를 맺으며 살아가는지를 이해하는 데 큰 틀을 제공해 준다. 하지만 고립을 선택한 사람의 삶도 그렇게 저항 일변도일 리가 없고, 동화를 선택한 사람도 주류 집단에 그렇게 쉽게 흡수되었을 리가 없으며, 심지어 고립과 동화를 그렇게 의식적으로 선택하지도 못했을 것이다. '바람직한' 형태라는 통합조차도 이렇게 단일한 형태일 리 없으며, 그렇기에 얼마나 많은 사람이 그런 상태에 이르렀는지 판단하기도 힘들다. 사람의 삶이란 사회학적으로 분류할 수 없을 만큼 복합적이고 미묘하고 다양하다. 특히 다른 나라로 이주하였을 경우에 사회와 맺는 개인의 삶은 훨씬 더 처절하면서 주체적이다. 사회에 대한 권리가 취약하기에 처절하고, 사회와 개인 간의 갈등 속에서의 생존이기에 주체적이다. 최근의 문화번역 이론은 이주국에서의 이러한 취약성과 복합성의 삶을 밀도 있게 설명하는 데 큰 도움이 된다.

2. 문화번역 이론

번역은 우리 삶의 다방면에 필수적인 것으로 들어와 있고, 문자나 언어의 번역만이 아닌 문화 간의 번역으로 확장되어 다각적으로 통용되고 있다. 하지만 번역의 출발점은 역시 문자의 번역이다. 문자의 번역은 원본의 존재가 필수적이기 때문에 번역의 그러한 태생적 '기댐'을 설명하거나 또는 극복하기 위한 여러 이론적 논의들이 있었다.

로렌스 베누티는 번역이 그 중요성에도 불구하고 학술적·법적으로 정당한 대우를 받고 있지 못하고 있다면서 번역의 명예를 실추시키는 '스캔들'을 몇 가지 지목한다(베누티, 『번역의 윤리』, 9쪽). 앙투안 베르만도 "번역의 본질은 열림·대화·혼혈·탈중심"임을 지적하며 번역의 지위를 부정적으로 만드는 데 사용된 논리들을 지목한다(베르만, 『낯선 것으로부터 오는 시련』, 18쪽). 두 학자가 지적한 번역에 대한 그릇된 이해를 세 가지로 정리해 볼 수 있다.

첫째는 번역 불가능성이라는 가치이다. 한 텍스트의 본질은 번역 불가능한 것이라고 믿거나 번역 가능하다 하더라도 원본을 다 살려 낼 수 없다는 입장이 그것이다. 흔히 시는 번역될 수 없다거나 소설을 영화화하면 소설보다 못하다는 주장이 그러한 예이다. 두번째는 그 정반대 편에서 주장하는 보편적 번역 가능성의 입장이다. 이 주장에 따르면 번역의 본질은 내용, 즉 의미의 전달이며 원본의 의미란 보편적으로 전달 가능하다는 것이다. 번역을 이렇게 상정하면 번역은 단지 의미의 매개라는 초라하고 얄팍한 지위만을 가지게 된다.

　　번역 불가능성과 보편적 번역 가능성이라는 주장은 정반대인 것처럼 보이나 사실은 똑같은 가정에서 나왔다. 두 주장은 모두 번역본에 비해 원본을 확고하게 우월한 위치에 놓는다. 이 입장에 따르면 번역의 가치는 오로지 원본에서만 파생되며, 원본은 자신의 반복적 파생물일 뿐인 이후의 번역본들의 인증자인 셈이다. 번역은 의미 전달만이 목적이며 고유의 가치를 가지지 않는다. 이러면 원본은 번역에 대해 폭군 같은 요구를 할 수 있게 된다. 즉 번역은 자신의 흔적을 남기지 않고 원본을 전달하는 임무만을 수행하고 사라져야 한다.

　　번역의 지위를 강등시켜 온 세번째 요인은 자문화중심주의적 번역 태도이다. 번역은 근본적으로 자문화중심적인 활동으로 흔히 여겨졌다. 번역할 대상을 선정할 때에는 자국의 취향을 만족시키거나 자국의 시류나 정치문화적 목적에 필요한 책을 선택하는 경향이 있어 왔다. 더 중대하게는 번역자가 번역 과정에서 종종 부딪히는 이질적인 부분에 있어 흔히 문장을 윤색하여 자국화하는 경향이 있어 왔다. 단 한 번도 다른 인종과 섞인 적이 없는 순수 혈통의 인종이라는 것이 현실적으로 존재하지 않는 것과 마찬가지로, 한 번도 다른 것과 섞인 적이 없는 언어나 문화라는 것 역시 허구이다. 베르만은 이것이 허구라는 것이 중요한 것이 아니라 하나의 언어나 문화나 종족이 그렇게 순결해야 한다는 무의식적 소망들이 더 문제라는 지적을 한다(베르만, 『낯선 것으로부터 오는 시련』, 17쪽). 흔히 문화들은 타문화의 도움이나 매개 없이 자족적이고자 한다. 이 허구적 자족성을 토대로 다른 문화를 압도해서 자기 것으로 만들어 버리고자 하는 '나뻔 번역'들이 번역의 '스캔들'을 키워 왔다.

발터 벤야민이 일찍이 1923년에 쓴 「번역가의 과제」는 시대를 뛰어넘은 선구적인 논문이다. 번역본은 원본의 의미를 전달하며 원본에 수반된 부차적인 존재라고 당연히 간주되었던 시대에 벤야민은 그렇지 않음을 「번역가의 과제」에서 이론화한다.

벤야민의 이론에서 독특한 점은 원본도 어떤 본래적 의미의 기원이 아니라는 점이다. 번역 속에서 원본은 언어가 살아 숨 쉴 보다 높고 순수한 권역으로 성장한다. 번역이 원본에서 언어의 총체적 의도를 읽어 내고자 한다는 의미에서는 번역이 원본의 뒤를 따르는 것이나, 번역은 원본이 다 드러내지 못한 의도의 어떤 면을 드러낸다. 원본에 대한 또 다른 번역본은 언어의 총체적 의도의 또 다른 어떤 면을 드러낸다. 번역본도 순수언어pure language와의 관계에서는 원본과 똑같이 원본이다. 그러므로 원본이 기원이고 번역본이 파생물이라는 존재론적 서열은 깨어진다(이명호, 「문화번역의 정치성」, 237쪽). 번역본도 순수언어를 지향하는 하나의 창조물이다. 원본과 번역들 간의 관계는 순수언어를 지향하는 언어적 보완 관계이다. 원본과 번역들 각각은 고유한 별처럼 순수언어라는 원천의 의도를 향해 각각이 고유한 별들로서 존재하며 서로를 참조하여 보완하는 큰 성좌를 형성한다.

그렇다면 번역이 순수언어에 근접하려면 어떻게 해야 할까? 벤야민은 "언어적 보완에의 위대한 동경"은 원본에 충실하게 번역하는 축어성literalness에 의해서만 보장된다고 말한다(Benjamin, "The Task of Translator", p.79). 축어성이란 단어 하나하나의 형식과 의도를 그대로 살리는 번역을 의미한다. 원본으로부터 번역될 필요가 있는 것은 뜻이나 의미가 아니라 원본의 단어이다. 의미 위주로 흐를 수 있는 문장 중심의 번역이 아니라 단어에 충실한 번역을 벤야민은 추천한다. 축어성은 이국화하는 번역이다. 자국화하기 위해 '자유'를 방만하게 행사하는 의미 중심의 번역과는 달리 축어성은 이국성의 언어와 의도가 투명하게 통과하게 하는 번역이다. 자국과 자민족이라는 이데올로기가 무섭게 용솟음치던 1920년대에 벤야민은 이국화하는 번역, 이국성을 존중하는 문화번역을 주장하는 것이다. 벤야민은 루돌프 판비츠를 독일 최고의 번역 이론가라고 하면서 이국성이 자신에게 영향을 미치는 것을 허용해야 한다는 그의 주장을 인용한다.

판비츠는 다음과 같이 쓰고 있다. "우리의 번역은, 그것이 가장 잘된 번역이라 하더라도 독일어를 힌두어·그리스어·영어로 바꾸는 것이 아니라 힌두어·그리스어·영어를 독일어화하려고 하는 것이다. 우리 독일의 번역자들은 외국 작품의 정신보다는 자국 언어에 대해서 훨씬 큰 존경심을 가지고 있다. …… 번역자의 기본적인 잘못은 자국 언어가 외국어에 의해 강력한 영향을 받는 것을 허용하기보다는 오히려 자국 언어가 우연히 그렇게 된 상태를 고수하려고 한다는 데 있다. 특히 자국 언어와 아주 동떨어진 언어로부터 번역할 경우에는, 언어 그 자체의 원초적 요소로 돌아가 작품·이미지·어조가 하나로 모이는 지점까지 파고들어야 한다. 번역자는 외국어라는 수단을 통해서 자국 언어를 확대하고 심화시키지 않으면 안 된다." (Benjamin, "The Task of Translator", pp.80~81)

벤야민의 번역이론은 문화 간의 접촉과 교섭을 다루는 문화번역 이론가들에게 널리 차용된다. 문화들 사이의 권력관계는 대부분 불평등하기 때문에 문화 간의 접촉은 지배와 종속, 포섭과 순응, 배제와 투쟁이라는 불균등한 갈등을 낳는다. 벤야민 이후의 문화번역 이론가들은 벤야민의 번역이론을 차용하여 현실적이고 때로는 투쟁적인 문화번역론을 펼친다. 언어 간의 보완적 관계라는 얼핏 보기에 '평화로운' 벤야민의 번역론은 그 이면에 전복적이고 해방적인 함의를 담고 있다. 현 시대의 갈등적인 문화번역의 장을 다루기 위해 이론가들이 벤야민을 으뜸으로 참조하는 데에는 두 가지 이유가 있다. 첫째, 벤야민이 원본과 번역 사이의 위계적 구도를 깨뜨렸기 때문이다. 흔히 원본과 번역 사이의 관계는 실제 문화에서는 주류 문화와 소수자 문화, 지배 문화와 이주자 문화, 식민 지배 문화와 피식민지 문화 등의 은유로 사용된다. 흔히 위계적인 구도로 연상되는 원본과 번역의 관계가 위에서 아래로의 일방통행의 관계가 아니라 상호 간의 보완적 관계임을 벤야민은 말한 것이다. 번역도 원본과 마찬가지로 하나의 창조물이며, 원본도 현재적 시각에서의 번역의 보완을 받아 사후의 삶을 계속한다.

현 시대의 문화 교섭에 대한 벤야민의 또 하나의 함축은 이국성 foreignness에 대한 옹호이다. 이국의 언어와 관계 맺는 방식에 대한

벤야민의 주장은 낯선 것을 자기화하여 장악해 버리는 서구·식민제
국·주류 사회에 대한 비판으로 확장될 수 있다. 이국의 문화를 그 이
국성을 살리는 방향으로 번역하는 것이 결국 자국의 문화도 풍성히
하는 것이라는 벤야민의 말은 문화의 이념이라는 견지에서 볼 때 그
포용적인 의미가 돋보인다. 벤야민의 「번역가의 과제」에는 순수언어
라는 대의를 위한 주류 문화 쪽에서의 기득권 포기가 내포되어 있다.
이국성에 자신을 내어 주는 기득권의 포기가 오히려 자신의 문화를
풍요롭게 할 것임도 내포되어 있다.

니란자나는 원본과 번역본에 대한 이분법적·위계적 사고가 식
민주의자의 사고틀과 유사하다고 말한다. 니란자나는 근대 제국주
의가 타자를 기술하는 행위는 원본이 기원이고 번역본은 파생물이
라는 이분법적 차별 구조에 근거하고 있다고 본다. 서양 제국주의
와 식민주의는 타자와 조우하고 그것을 번역하는 데 있어 오리엔탈
리즘적 기술 방식을 무수히 발전시켜 왔다. 니란자나는 서양 제국주
의자들의 서구 중심적 번역에 대항해서 흔히 나온 것이 편협한 국
수주의자들의 담론이었다고 본다. 그녀는 이들 국수주의자들이 식
민지 역사를 부정하고 식민지 이전의 역사로의 복귀를 주장하는 경
향을 보인다고 비판한다(Niranjana, *Siting Translation*, pp.63~169).
니란자나에게 번역이란 언어를 사용하여 역사성을 가시화하는 정
치적 작업이다. 그녀는 바람직한 포스트식민 번역가의 역할이란 서
구와 비서구 사이의 불균형적 관계 안에서 서구가 불충실한 번역자
였음을 비판하고 원전으로서의 비서구의 역사성을 강조해야 한다

고 본다. 번역의 역사성·정치성이 부각되면서 그녀에게 번역은 "전복으로서의 번역"이고, 순수언어는 "정치적 개입의 필요성"이 된다(pp.163~170).

레이 초우는 『원시적 열정』에서 니란자나의 문화번역을 "문화적 저항으로서의 번역"으로 높이 평가하면서도 원본을 다시 고정시켜 버렸다는 점에서 비판한다. 그녀는 니란자나가 은연중에 번역을 선과 악으로 구분해서 생각한다고 분석한다. 여기서 '나쁜' 번역이라 함은 유럽의 타자를 유럽어로 번역함으로써 제국주의적이고 자민족 중심적인 번역이 되어 버린 식민주의자들의 번역이다. '선한' 번역은 유럽에 지배당한 민족들이 포스트식민 맥락에서 주체가 되어 저항적 번역을 하는 것을 말한다. 그럼으로써 초우는 니란자나의 작업이 서양과 동양 사이의 불균형적이고 위계적인 권력관계를 역전시키는 데는 성공했어도 원작과 번역 사이의 불균형적이고 위계적인 권력관계를 역전시키는 데는 실패했다고 지적한다(초우, 『원시적 열정』, 286쪽). 니란자나가 원본의 가치를 다시 안정시켜 버린다는 것이며 이때의 원본은 피식민지인·토착민·피지배자의 문화가 된다는 것이다. 원본이 무엇인가는 전복되었지만, 니란자나는 여전히 문화번역을 원본에서 번역본으로의 일방통행으로 보고 있다는 것이다.

초우의 중대 질문은 그래서 "어떤 형태로든 '오리지널'의 가치를 안정시키지 않고도 여러 문화 사이의 번역을 이론화할 수 있는가?"로 향한다(287쪽). 그는 원본과 번역, 서양과 동양이라는 두 항의 이분법적 대립의 사고가 아닌 둘 다의 동시대성을 인식하는 것이 중요하다고 말한다. "두 항을 모두 현대 세계문화에 참가할 자격을 갖춘, 실리적이면서도 십중팔구는 똑같이 부패하고 똑같이 퇴폐적인 참가자로 볼" 때 진정한 문화번역이 가능해진다고 초우는 지적한다(290쪽).

초우의 이러한 방점에 비해 호미 바바는 이주자와 같은 차별당하는 자의 혼종 공간에서의 수행성에 더 강조점을 두고 있다. 초우가 원본과 번역, 중심부와 주변부라는 이항적 대립에 대해 동시대성이라는 제3항의 필요성을 주장했던 데 비해, 바바는 이주자 문화라는 제3의 틈새 공간을 부각시킨다. 바바는 문화번역을 중심-주변의 이항대립 관계로 보는 문제를 이미 넘어서서 문화번역이 가장 어렵고도 활발한 경계선상의 문화, 특히 이주자의 공간에 초점을 맞춘다.

그러기 위해 바바는 벤야민의 언어 상호 간의 보완 관계와 이국성에 대한 부분을 변용·확장한다. 벤야민은 언어 상호 간의 그리고 원본과 번역 간의 상호 보완적이고 보충적인 관계를 통해 각각의 별들이 성좌를 이루어 순수언어를 향한다고 보았다. 바바는 '우호적인' 느낌을 주는 상호 '보완성' 이면에는 서로를 배척하고 갈등하는 끊임없는 움직임이 내포되어 있다고 강조한다(Bhabha, *The Location of Culture*, p.325). 그는 이 이국성의 문화적 차이의 공간, 특히 경계가 혼탁해진 이주자의 공간에서는 '투명한' 번역이란 불가능하다고 말한다. 번역이 불가능하고 미결정적인 제3의 문화 공간의 번역을 위해서는 이 공간을 활짝 개방하고 공통분모를 찾을 수 없는 차이들의 협상이 치열하게 벌어져야 한다는 것이다. 이러한 문화번역의 공간에서 "관건이 되는 것은 차이적 정체성들의 수행적 성격, 다시 말해 끊임없이, 우연적으로 개방되고, 경계들을 재형성하며, 계급이든 성이든 인종이든 어떤 단일하고 자율적인 차이의 기호를 내세우는 모든 주장들의 한계를 드러내는 공간들의 규제와 협상들이다"(p.313).

"차이적 정체성들의 수행적 성격"이라고 언급하는 것에서 보듯 바바는 문화적 차이를 보이는 자아와 타자 중 어떤 하나를 특권화하는 것이 아닌 차이적 정체성들의 수행을 문화번역으로 본다. 그래도 틈새적 공간에서의 차이들의 번역이 고통을 전제로 하고 있고 특히 생존을 위한 협상과 투쟁이라는 부연 설명은 바바가 서 있는 관점이 주류가 아닌 소수자의 관점임을 드러낸다. 이주자는 소수자임이 분명한데도 그들을 하위인 주변으로 놓지 않고 경계가 상충하고 섞이는 제3의 공간으로 놓는 것에는 이주자의 이주의 권리를 본연의 인간 권리로 보는 바바의 생각이 함의되어 있는 것으로 보인다. 벤야민의 언어적 권역에서의 번역을 이주민의 번역으로 변용한 바바에게 번역은 생존의 문제가 된다. 기존 사회에 이질적인 이주자의 문화번역은 "어떻게 새로움이 세계로 들어가는가"라는, 목숨을 걸고 하는 수행적 행위이다.

3. 번역되지 않는 이들을 위한 문화번역

번역이 언어의 장을 넘어 문화번역으로 가면 정치사회적인 권력의 장으로 들어선다. 외국으로부터 온 이주자들과의 문화번역에서는 흔히 자신이 원본의 위치에 선다. 그리고 그 원본을 마치 갑의 입장이라 생각하며 자신이 이국성에게 관용적 태도를 취하느냐 마느냐의 주도권을 잡고 있다고 느낀다. 수키 김의 2003년작 소설『통역사』에 나오는 미국 주류 사회와 정부기관들은 이민자들에게 이러한 입장으로 서 있다. 반면 미국으로 이주한 한국인들에게 미국은 자신이 번역해 들어갈 원본으로 불안하게 엄습한다. 한국 이민자들은 완강한 미국 안으로 번역해 들어가기 위해 안간힘을 쓴다. 기존의 문화라는 원본이 확고하게 자리 잡고 있는 곳에서 이민자라는 환대받지 못한 존재가 온몸으로 하는 일상의 문화번역은 생사의 문제이다. 이민자에게 문화번역은 생존의 문화번역이다.

수키 김은 아버지의 번창하던 사업이 실패한 후 1983년 13살 때 가족을 따라 미국으로 도주하듯 이주한다. 갑작스레 야반도주한 경우여서 불법적 위치에서부터 미국 생활을 시작했을 것으로 짐작된다. 10대 소녀였던 그녀는 "영어를 배우는 데 수년이 걸렸다. 그것은 매우 굴욕스러운 경험이었다"라고 말한다. 그녀는 한국의 상류사회에서 미국 퀸즈의 가난한 이민자의 삶으로 전락하였고, 법적으로 매우 불안하고 의사소통도 전혀 안 되던 상태로 몇 년을 견뎌 냈다. 수키 김은 한국 이민자들이 일반적으로 겪던 불리한 조건을 모두 갖고서 산 경험을 통해 미국 사회에서 법적·사회적으로 소외된 이민자들의 삶을 체득한다. 소설을 준비하면서 수키 김은 주인공의 경계적 위치와 분열된 충성심에 적합한 직업으로 통역가를 생각해 냈다. 주인공을 실감나게 그려 내기 위하여 수키 김은 실제로 법정에서 한국인의 말을 영어로 통역하는 일을 한동안 하기도 하였다.

『통역사』에서 문화번역은 일방통행이다. 주류 문화는 변화하지 않고, 새로 들어오는 사람이 따라야만 하는 원본으로 인식된다. 주류 사회는 이민자 문화에 관심을 보이는 경우가 거의 없으며 그것을 이해할 필요성도 잘 느끼지 못한다. 이민자들은 주류 사회에서 제대로 번역되지 못하는데, 심지어 가장 정확하게 번역되어야 할 법정에서도 그렇다. 간이법정에 소환되어 나온 한국 이민자들은 대개 야채 가게나 슈퍼마켓을 운영하는 사람들이다. 법정임금이나 노동시간을 어긴 죄목으로 갑자기 법정에 불려 온 이들은 자기 말을 영어로 통역해 줄 통역사가 꼭 필요하며, 같은 민족인 통역사에게 심정적으로 의지한다. 소설에는 이민 1.5세대인 주인공 수지 박이 법정통역사로 일하는 장면이 중요하게 서너 번 등장한다. 수지 박은 코리아타운에서 살아온 경험을 통해 이민자들이 처한 상황이나 답변의 이면을 이해함에도 그들의 입장에서 적극적인 통역을 하지는 않는다. 그녀는 미국 당국이 고용한 사람이기 때문이다.

이민자들이 제대로 번역되지 않는 또 하나의 이유는 미국 공무원들의 추궁 자체가 근본적으로 이민자의 생존 조건에는 맞지 않는 요구 사항이기 때문이다. 미국 공무원은 한국인 야채가게에서 일하는 사람을 고용할 때 사전교육 의무를 준수했느냐, 야간근무 수당을 주었느냐, 퇴직수당을 주었느냐는 질문을 반복해서 묻는다. 통역사인 수지는 그런 질문은 이민자의 상황에 전혀 맞지 않는 질문들이라고 속으로 비아냥거린다.

이 남자는 정말 하루 12시간, 주 7일 일하는 곳에서 그런 종류의 특권이 있을 거라고 생각하는 건가? 그는 똑같은 법칙이 제대로 된 서류를 갖추고 있지 못하는 사람, 영어를 하나도 할 줄 모르는 사람들에게 적용되리라고 믿는 걸까? 그는 미국의 꿈이 그렇게 쉽게 되는 거라고 믿는 걸까? 실직수당과 건강보험이라니? 그런 것들은 이민 노동자를 염두에 두고 고안된 게 아니다. 어느 누구도, 심지어 가게 주인조차도 그런 특권을 가져 보지 못했다! (Kim, *The Interpreter*, p.96)

이러한 법적 요구들이 살기 위해서는 온갖 악조건의 노동을 해야만 하는 이민자에게는 사치일 뿐임을 주류 사회는 인정하지 않고 있다. 고용인에게 실직수당을 주지 않았다고, 법정 노동시간보다 더 일을 시켰다고 호출당한 한국계 이민자들은 일단 불려 온 다음에는 처벌당하는 수밖에는 달리 도리가 없다. 어쨌든 법적 기준에서 보자면 법을 어긴 것이므로 그들은 법적 책임을 추궁당한다. 설사 이민자들이 변호사를 살 수 있다 하더라도 미국 이민국과 경찰이 작정하고 이민자를 통제하겠다고 나설 때에는 별 수가 없다. 미국 공무원들이 법적 권리를 들먹이며 이민자 소매상들을 추궁하는 것도 종종 가게 근로자를 위한 순수한 의도가 아닌 경우가 많다. 1992년 로스앤젤레스 폭동 직후 한국인이 운영하는 야채가게들이 미국 이민국과 노동국의 수사에 많이 시달리게 된다. 『통역사』는 한국계 이민자를 통제하기 위하여 불법체류자 단속이나 노동법 위반에 대한 수사를 부적

엄하게 하였음을 지적한다.

바바는 차이적 정체성들의 수행성, 특히 차별당하는 자들의 수행성이 혼종문화 공간에 진취성과 새 힘을 불어넣는다고 본다(Bhabha, *The Location of Culture*, p.324). 소설에서 주류 사회에 대한 보완의 역할을 해줘야 할 사람은 5살 때 이민 왔고 컬럼비아대학을 다녔던 수지와 같은 사람이다. 한국인 이민자를 주류 사회에 번역하는 역할을 하는 통역사 수지가 자신의 입지를 어떻게 보는가가 첫 장에서 탁월하게 재현된다. 배경은 뉴욕 코리아타운 지역에 있는 맥도날드 앞이다. 통역 일을 위한 시간보다 약 1시간 일찍 도착한 데다 비까지 내려 어딘가 들어가야만 하는 상황이나 그녀는 누추한 이곳의 맥도날드에 들어가고 싶지 않다. 맨해튼에 사는 세련된 옷차림의 그녀에게 "이곳은 그녀의 삶이 아니다. 그녀는 이곳을 모른다. 그녀는 이곳을 알고 싶지 않다"(Kim, *The Interpreter*, p.3). 마지못해 맥도날드에 들어가서 우연히 마주 앉게 된 중년의 한국 남자에게서 삶의 무게에 짓눌린 이민자 남자의 모습을 본다. "그녀는 그런 남자들을 안다. 그의 하루가 어떠한지, 밤에 돌아갈 그의 가정과 그가 더 이상 가까워질 수 없는 그의 딸들이 어떠한지를 안다"(p.8). 그녀에게 이 동네는 우연히 동석하게 된 중년 이민자의 삶을 속속들이 알 수 있을 정도로 지겹도록 익숙한 곳이다. 나중에 바로 이곳에 있던 부모님의 가게에서 부모가 5년 전에 살해되었음이 드러난다. 부모의 피살 이후나 이전에나 내내 코리아타운은 그녀가 자신이 속한 곳으로 인정하고 싶지 않은 곳이며 다시는 발 딛고 싶지 않은 곳이다. 미국 주류와 이민자 문화 양쪽에 모두 끼어 있는 그녀는 한쪽을 외면하고 다른 쪽만을 해바라기하고 있다.

그녀의 이러한 입장은 통역 태도에서도 그대로 나타난다. 한국인 증인들은 자기 언어를 통역하는 그녀가 자신의 편이라고 생각하나 그녀는 미국 기관에서 고용한 통역가이다. 한 직업에서 꾸준히 근무하지 못하는 그녀가 통역 일을 그래도 오래 할 수 있는 것은 개입을 요구하지 않는 직업 특성이 자신과 맞기 때문이다. 하지만 통역이 항상 이렇게 거리를 두도록 그녀를 놔두지는 않는다. 때로 한국인 이민자들은 어떻게 말해야 좋을지를 그녀에게 물어 거짓말을 하고 있음을 드러내기도 하고, 비자가 없는 경우 이 사실을 미국 담당자가 알게 되면 큰일이므로 통역사인 그녀가 얼버무려야 할 때도 있다. 수지는 한국계 이민자들의 삶에 그들 나름의 규칙과 관습이 있음을 알기에 때로는 도움을 주는 방향으로 통역을 하기도 하지만, 대체로 그녀는 한국인들에게 연관되지 않으려 하며 아무런 감정도 느끼고 싶어 하지 않는다. 그녀는 그 문화의 차이를 적극적으로 통역하지 않는다. 그녀의 이런 태도는 이민자들의 삶을 백인의 해석과 이해 바깥에 두는 행위이다.

주류 문화에 대한 수지의 굴종적 태도는 지도교수의 남편인 미학교수 대미언과의 부적절한 관계에서 드러난다. 대학을 자퇴하며 대미언과 동거에 들어갔고, 그런 딸을 '양갈보'라 부르며 아버지는 연을 끊었다. 그러다 동거 4년차에 부모님이 살해되었다는 소식을 듣고서야 그녀는 대미언의 집을 떠난다. 부모를 죽인 자를 스스로 찾기 시작하면서 고독과 끔찍한 진실과 싸울 때마다 대미언에 대한 혼자만의 절절한 의존을 토로한다. 소설에서 대미언에 대한 수지의 절박한 의존은 충분히 드러나나, 대미언이 수지를 어떻게 생각하는지는 나오지 않는다. 하지만 그의 감정이 그녀만큼 진지하지 않다는 것, 수지에 대한 끌림은 이질적인 동양미에 대한 육체적 끌림이었다는 것은 상당히 분명히 암시된다. 『통역사』에서 동양인에 대한 판에 박힌 생각과 재현을 보여 주는 오리엔탈리즘적 사고를 드러내는 것은 오히려 수지이다.

> 그녀는 무엇이 그녀로 하여금 그렇게 멀리 밀고 나가게 했는지 의아했다. 나중에, 훨씬 나중에, 그가 그녀의 이름을 한 번, 두 번, 그리고 또 불러 주었을 때 그녀는 눈을 감았고 이제 모든 것이 달라졌다고, 모든 것이 영원히 변해 버렸다고 생각했다. (p.86)

그녀의 머릿속에 계속 맴도는 말은 "너는 결국 무엇을 원하니, 내가 너에게 무슨 말을 해주기를 원하니?"라는 대미언의 말이다 (p.86). 그것은 기대하지도 않는다면서도 사랑한다는 말과 결혼하자는 말을 듣고 싶어 하는 그녀에게 '그럴 수 없다는 걸 우리 둘 다 잘 알고 있지 않느냐'라고 말하는 것과 같다. 이런 정도의 관계 설정에 자신을 완전히 내맡기는 수지에게 백인 주류 남성은 "욕망의 불가능성"이다(Kim, "Lost in Translation", p.199). 미국 사회로 들어가는 방법을 일방적으로 자존감을 낮추어 자신이 맞추는 것으로 생각하는 한, 들어가는 것은 불가능하다.

　　미국 문화에 대한 수지의 굴종적인 번역은 그녀의 세련된 외모처럼 그 외양적 의미를 번역할 수는 있다. 하지만 미국 문화에 대한 비판적인 의식이나 자신이 속한 이민자 문화에 대한 이해가 없이는 충실한 번역이 될 수 없다. 충실한 번역이 아니면서 욕망만이 앞설 때는 배반을 저지른다. 부모의 통역가 역할을 해온 언니 그레이스가 대학생이 되면서 집을 떠나자 "그녀의 집은 두 과로한 이민자와, 그들의 버려진 삶을 통역하는 수지만의 피난소가 되었다"(Kim, *The Interpreter*, p.144). 부모를 통역한다는 것이 의미하는 범죄성을 전혀 알지 못한 상황에서도 수지는 부모의 삶의 번역을 너무도 창피하다고 느낀다. 자존감을 다 버리고 가까스로 자신만은 미국 사회에 들어갔다고 생각하는 수지에게 부모는 없어져야 하는 존재이다. "그녀가 그들의 딸로 남아 있는 한 그녀는 미국인이 될 수 없었다. 살려고 그녀는 부모를 배반했다"(p.212).

　　일방통행의 문화번역은 배반이다. 주류 문화 측에서는 특정 이민자를 조직적으로 이용하고 폐기하는 비정함을 낳는다. 평소에는 이국성에 전혀 관심이 없다가 자신의 나라에 머물 수 있는 자와 추방할 자를 가려내기 위해서만 미국 당국은 통역을 산다. 또 통제를 위해 알아 둘 필요가 있는 이민자 사회의 정보를 캐기 위해 이민자 내부에 고발자를 심어 둔다. 미국 경찰은 장사권을 보호해 주겠다는 미끼로, 이민국은 불안정한 신분을 눈감아 주겠다거나 보다 협조적인 고발자에게는 시민권을 주겠다는 미끼로 특정 이민자를 매수한다.

미국으로 이주한 동기도 한국에서 돈 문제로 사기를 쳤기 때문인 것으로 보이는 수지의 아버지는 미국 기관의 장단에 맞추어 자신의 이득을 위해 동족을 배반한다. 수지 아버지에 대한 원한 때문에 이민자들이 계획한 살인이 일어났을 때, 미국 경찰은 특정 인물을 겨냥한 게 아닌 단순 강도 살인사건으로 단정 짓고 범인도 잡지 않은 채 수사를 종결짓는다.

　　미국 주류 문화에 대한 "아이러니하고 반란적인 반복"(Bhabha, *The Location of Culture*, p.324)으로서의 주체적인 번역 토대가 되어 있지 않을 때, 사이에 낀 차단된 공간 안에서 이주자들은 자기들끼리 생존 싸움을 벌인다. 『통역사』가 문화번역의 분석 대상으로 적합한 이유 중 하나는 미국 주류 문화뿐 아니라 이주자의 문화도 이미 타락하여 더럽혀져 있음을 그렸기 때문이다. 수키 김은 한국계의 입장에 서서 한국계를 대변하는 태도로 소설을 쓰고 있지 않다(Koo, "Immigrants as Detectives and Cultural Translators", p.32). 그 예로 그녀는 한국인들끼리의 노동착취와 배반과 살인, 마약과 매춘에 손댄 한국계 청소년 갱단의 모습을 사실적으로 보여 준다. 이민자들이 미국 사회로부터 받는 부당함 못지않게, 같은 민족에게서 당하는 착취와 부당함도 크다. 가야트리 스피박도 그런 점을 경계하여 "백인은 악하고 이주민은 선하다는 일방적인 주장은 역전된 인종차별주의"라고 비판한다(스피박, 『포스트식민 이성 비판』, 516쪽). 미국 주류 사회와 이민자 사회 둘 다 오염되고 섞인 동시대의 사회임을 보여 주는 점이 이 소설을 문화번역의 관점에서 손꼽히게 하는 점이다.

이 소설에서는 이민자 사회 내부 안에서도 다양하게 차이 나는 정체성들이 포착된다. 이민자 사회 내부의 차이적 정체성들은 번역이 어느 정도 가능한가, 번역에의 접근성이 어느 정도 용이한가에 따라 실감나게 재현되어 있다. 벤야민은 번역에 잘 들어맞지 않는 번역 작업의 요소를 이국성이라고 칭하며 번역은 "언어들의 이국성과 타협하는 다소나마 잠정적인 방식"이라고 하였다(Benjamin, "The Task of Translator", p.75). '잠정적인'이라는 말은 최종적이 아니며 계속 일어나는 수행적인 일임을 내포한다. 이렇게 어떤 이국성은 잠정적으로 번역이 되고, 또 어떤 이국성은 번역에 잘 들어맞지 않아 미결정성의 상태에 있기도 하며, 어떤 이국성은 번역에 근접하지 못해 번역하는 게 불가능하기도 하다. 이 소설에서 각각의 이민자들의 번역에의 미결정성이나 불가능성의 정도는 차이가 있다.

그들은 영어를 말할 줄도 영어를 읽을 줄도 모른다. 그들은 미국 법을 알지 못한다. 그들은 몰라서 미국 법을 어기기도 할 것이다. 그들은 고객, 경찰, 조사관, 지방 검사, 세무서 직원, 이민국 직원 앞에서는 영원히 죄인이다. 물론 미국은 기회의 땅이지만 설령 기회가 그들 앞에서 손을 흔들어도 그들은 기회를 알아채지 못한다. 다른 이민자가 그것을 그들이 이해할 수 있는 방식으로 그들의 언어로 보여 줄 때에야 알게 된다. 미국을 좀더 이해하고 있을, 미국을 덜 두려워할, 그리고 아마 더 합법적인 신분일 어떤 동족 사람이 말이다. (Kim, *The Interpreter*, pp.237~238)

번역에의 접근성이 열악할수록 그 이민자의 삶의 취약성은 높아 간다. 취학 전에 이민을 왔고 대학교육까지 받은 수지와 그레이스는 객관적인 문화적 능력을 상당 정도 습득했다. 수지는 한국인 이민자들의 언어를 미국 기관에 번역할 수 있는 능력을 갖추었고, 그레이스 역시 일찍이 초등학교 때부터 아버지의 입이 되어 은행 업무와 세금을 처리해 왔으며, 심지어 이민국에서 아버지가 하는 고발도 그레이스의 입을 통해 이루어졌다. 그레이스를 통해 번역력을 얻은 아버지는 영어도 미국법도 모르고 영주권이 없는 동족을 번역해 주며 속인다. 김용수는 미국 문화를 번역할 줄 아는 수지 아버지에 의존하여 그의 명의로 가게를 샀다가 그에게 모두 뺏긴다. 수지 아버지가 김용수를 배반한 것은 이민자 사회에서 파문이라도 일으켰지만, 수지 아버지의 가게에서 일하다가 불법체류자임을 고발하겠다는 위협을 받고 체납된 임금도 못 받고 쫓겨나는 종업원의 억울한 사정은 그대로 묻힌다. 주류 사회가 보았을 때는 단일한 이질적인 문화로 격하되는 이민자 사회 내부에는 이렇게 다양한 차이적 정체성들이 존재한다. 이민자들의 다양한 정체성들이 번역 불가능성의 정도에 따라 포착되고 있다는 점이 이 소설을 문화번역의 관점에서 손꼽히게 하는 또 다른 요소이다.

공통분모로 묶이지 않는 약분 불가능성 때문에 번역이 불가능할수록 그 사람은 미국 당국의 비정한 처분에 내맡겨진다. 쫓기는 김용수가 그랬고 쫓겨난 종업원이 그랬고 피살된 부모 역시 그렇게 억울한 번역 불가능성의 처지에 놓인다. 한국 이민자의 원한을 많이 산

결과 피살된 부모의 사건을 경찰은 자신들의 연루가 드러날까봐 수사하지 않는다. 수지가 범죄 단서를 찾고 해석해 나아가는 작업은 미국 문화와 이민자 문화에 대한 충실한 번역의 작업이 된다. 한집에 살면서도 부모의 비밀과 언니의 고통을 전혀 읽어 내지 못했던 수지는 이제 한국 이민자의 치부와 미국 사회의 치부를 다 알게 된다. 마침내 수지는 담당 형사인 레스터에게 사건의 진상을 많이 알고 있는 김용수부터 시작하는 재수사를 촉구한다. 죄를 지은 자는 아버지이나, 그 죄가 전적으로 아버지만의 죄는 아니다. 취약한 이민자에 대한 미국의 조직적인 이용과 배반에 더 많은 비난이 향해진다. 레스터 형사는 자신들이 수지 아버지의 피살에 어느 정도 책임이 있다는 것을 깨달았을까. 그가 못했다면 『통역사』를 읽은 독자 중 상당수는 미국 사회가 이민자를 대하는 권력 형식을 인식하고 미국 사회에 이국성 그대로에 대한 관용이 필요함을 자각했을 것이다.

부모의 사건을 경찰 수사에 넘긴 수지는 자기 가게에서 물건을 훔치는 흑인 소녀를 칼로 우발적으로 찔렀다가 30년 넘게 살아온 미국에서 추방되게 된 한 한국계 노년 여성의 비통한 사건을 통역하게 된다. 여태까지는 이민자의 고통을 자신과는 상관없는 일로 생각하려 했던 수지가 이제 이 통역에서는 "대다수 이민자들의 집단적 파라노이아와 아직도 계속되는 비통함을 목격한다"(Kim, "Lost in Translation", p.197). 이 여성은 모든 것을 포기하고 더 이상 대답도 하려 하지 않는다. 수지는 마지막에는 절대적 희망 상실이라는 약분 불가능성만 남은 가장 취약한 사람에 대한 절절한 공감에 찬 번역을 수행한다. 『통역사』는 생존의 문화번역에서 목숨은 부지하되 번역되지 않는 사람들이 무수히 흩어져 있음을 암시하고, 이러한 잔존자에 대한 충실한 번역이 문화번역의 과제 중 하나임을 보여 준다.

【6장】

지구화시대 이주자들의 혼종성
카렌 테이 야마시타의 『오렌지 회귀선』

1. 혼종사회의 키워드로서 이주와 미디어

이 책에 암시된 것은 파열에 관한 이론이다. 파열 이론은 미디어와
이주를 두 가지 중심 요소로 생각하며 현대 주체성의 구성 요소 중
하나인 상상력에 이 두 요소가 어떻게 상호 연결되며 어떠한 효과를
내는지를 탐구한다. ……

그러므로 요약하면, 전자매체의 등장과 대량 이주 현상은, 현재의 세
계가 단지 기술적으로 새로운 흐름에 직면해 있는 것이 아니라, 새로
운 상상력의 작용을 요구하고 (때로는 강제하는) 새로운 종류의 힘에
노출되어 있음을 보여 준다. 시청자와 이미지들은 모두 같은 시간대
에 나름의 방식의 순환을 하고 있기 때문에 전자매체와 대량 이주는
독특한 불규칙성을 만들어 낸다. …… 주요 영화나 뉴스방송 혹은 텔
레비전의 스펙터클한 풍경들은 멀리 떨어진 지역의 매체에 나오는
사건들로부터 전혀 영향을 받지 않는 경우는 거의 없다. 오늘날의 세

계에서 어떤 사연과 가능성을 갖고 어디론가 떠나고 있거나 막 돌아온 친구, 친척, 동료 등이 주변에 없는 사람은 거의 없다. 이러한 의미에서 사람들과 이미지들은 예견치 못한 장소에서 즉 지역이나 국가 단위의 대중매체가 쳐 둔 방역선과 내 지역의 확실함 바깥에서 서로 마주치게 된다. 대중매체에 의해 중개된 사건들과 이동 중인 청중들의 이와 같은 이동하며 예측하기 힘든 관계야말로 세계화와 현대화의 핵심이 된다. (Appadurai, *Modernity at Large*, p.304)

위에 인용한 아르준 아파두라이의 『고삐 풀린 현대성』은 세계화의 문화적 측면을 분석한 책으로서 한국 독자에게도 널리 알려졌다. 현재 우리가 살고 있는 세계는 이전 세대와는, 아니 그렇게 멀리 갈 필요도 없이 1990년대 이전하고만 비교해도 단절된 세계처럼 느껴진다. 세계의 변화 규모가 너무도 방대하고 그 속도도 빨라져서 인간이 그 변화를 도저히 따라가며 적응하기가 어렵게 되었다. 동시에 인간의 삶에 영향을 미치는 생활 반경과 고려 범주는 인간의 이성과 지력이 미치지 않을 정도로 넓어졌다. 미래를 예측한 영화나 고통스런 현실을 그린 소설도 현실보다 덜 발달했거나 덜 고통스러운 경우가 대부분이다. 상상력이 현실을 따라가지 못하는 지경에 이른 것이다. 아파두라이는 그런 조짐이 가속화되기 시작하던 1996년에 현대성이 규칙화될 수 없고 균질적이지 않은 방식으로 엄청나게 확장되어 가고 있음에 주목한다. 그는 새로운 상상력을 요구할 정도로 현대성을 확장해 나가게 된 두 가지 핵심 요소로서 이주와 미디어를 지목한다.

　이주와 미디어가 현대의 혼종사회를 야기한 주요 요인이다. 국경을 넘는 무수히 많은 이주의 흐름과 자신과 직접적으로 연관이 없는 상황을 지켜보고 접속할 수 있게 하는 미디어의 일상적 사용은 사람들에게 지금까지는 생각지도 못한 차원의 상상력을 발휘하게 요구한다. 아파두라이의 이러한 생각과 매우 흡사한 생각을 가지고 소설을 쓴 사람이 있다. 『오렌지 회귀선』을 쓴 일본계 미국인 3세인 카렌 테이 야마시타가 그러하다.

　『오렌지 회귀선』은 서로 국경을 맞대고 있는 미국 로스앤젤레스와 멕시코 북단을 배경으로 한다. 두 나라는 북미자유무역협정NAFTA에 의해 미국은 자본의 위치에, 멕시코는 노동의 위치에 서게 되는 경제관계를 맺는다(Wallace, "Tropic of Globalization", p.149). 이 소설은 멕시코에서 코카인을 오렌지 속에 숨겨 미국으로 밀수하는 사건과 북미와 남미를 나누는 경계인 북회귀선이 일자리를 찾아 미국으로 밀입국하는 사람들이 들고 오는 한 오렌지 속으로 들어가는 환상적 구도를 가지고 있다. 북반구와 남반구라는 지리적 경계이면서 동시에 부국과 빈국의 경계가 된 북회귀선Tropic of Cancer에서 '오렌지 회귀선'Tropic of Orange이라는 제목이 나왔다. 국경을 넘나드는 경제적·사회적 요동이 촉발시킨 로스앤젤레스 프리웨이에서의 총격전이 7명의 소수민족 주인공들의 삶에 큰 풍랑을 일으킨다. 더욱이 이 중 에미와 가브리엘은 방송국 PD와 신문기자여서 계속 뉴스와 광고를 하고 있고, 부즈웜이라는 지역 활동가는 24시간 내내 라디오를 들으며 그 정보를 지역민들의 삶과 연결 짓는다. 프리웨이에서의 교통사고로 인한 혼란이 노숙자들의 학살로 매듭지어지는 상황이 텔레비전에 방영되고, 사람들은 뜻밖의 볼거리를 즐기는 상황이 제시된다.

문화이론서인 『고삐 풀린 현대성』과 소설인 『오렌지 회귀선』, 이 두 저작에서 매우 흡사한 느낌을 받는 데는 몇 가지 이유가 있다. 첫째, 두 저작은 모두 무엇보다도 이주와 미디어를 현대인이 마주하게 된, 감당할 수 없을 만큼 급변한 사회를 가져온 요인으로 본다. 이주든 미디어든 한 가지만을 가지고 책을 쓰기에도 충분히 넘칠 만큼 방대한 주제인데 두 사람은 모두 현대성과 혼종사회를 다루기 위해 그 방대한 주제에 정면 승부를 던진다.

둘째, 이주와 미디어가 초래한 현대사회의 다양한 양상을 다 다루려 하다 보니 구체적인 형상화를 통해 재현을 하기에는 여러 면에서 어렵게 되고, 그래서 두 사람은 모두 그 대표적 특성들을 제시하거나presenting 보여 주는showing 방식을 택하게 된다. 아파두라이는 『고삐 풀린 현대성』에서 글로벌 문화 환경의 파열과 파급을 보여 주는 여러 현상들을 풍경scape처럼 제시하기 위해 ethnoscapes, mediascapes, technoscapes, financescapes, ideoscapes라는 용어로 풀어 간다(Appadurai, *Modernity at Large*, p.304). 야마시타도 혼종사회라는 거대한 주제를 다루기 위해서 그에 맞는 서사 기법으로 일곱 명의 인물이 매일 한 장章씩을 쓰는 모자이크 방식으로 보여 주기를 한다.

셋째, 두 저작에서 현대사회에 대한 저자의 시각이나 입장이 뚜렷이 논리적으로 명시되어 있지 않다는 점이다. 아파두라이와 마찬가지로, 현대사회를 진단하고자 하는 포부를 가진 다른 유명한 저작들도 있다. 예를 들어 토머스 프리드먼의 『렉서스와 올리브나무』가 그러하고, 안토니오 네그리와 마이클 하트가 공저한 『다중』 등이 그러하다. 『렉서스와 올리브나무』와 『다중』도 모두 지구화시대의 현대사회를 진단하고 있으나 전자는 보수주의 입장에 서서 세계를 바라보고, 후자는 진보주의 입장에서 세상을 진단한다. 이에 비해 아파두라이는 어떤 장에서는 현대사회의 변모 방향에 대해 비판적인 태도를 취하는가 하면, 현대의 상품화된 혼종성 등과 같은 다른 장에서는 비판의식 없이 그대로 현실을 수용하는 태도를 보여 주기도 한다. 그래서 아파두라이는 비평가들이 그의 어떤 주제를 인용하느냐에 따라 보수적이라고 비판받기도 하고 반대로 현실에 대한 비판적 안목을 가졌다고 칭찬받기도 한다. 이렇게 입장이 명료하게 드러나지 않음은 『오렌지 회귀선』의 특성이기도 하다. 야마시타의 다른 소설들을 통해서도 유추해 보면 그녀는 상당히 사회에 대해 비판적인 입장에 서 있는 경향을 보여 주고, 이 소설에서도 몇몇 인물들, 특히 부즈웜과 알케인젤의 장에서는 현대사회의 방향성에 대해 상당히 비판적인 모습을 보이기도 한다. 하지만 근본적으로 이 소설이 보여 주는 것은 7명의 각기 다른 개성과 세계관을 가진 인물들이 제시하는 혼종사회의 다각적인 양상이고, 작가는 일관된 시점으로 소설을 처음부터 끝까지 그려 내는 것을 선택하지 않고 7명 중 특별히 어떤 사람에게 자신의 시각과 입장을 담게 비중에 편차를 두지도 않았다.

이 글은 우선 똑같은 서사 기회를 부여받은 이들이 어떠한 방식으로 민족이나 계급에 따른 스테레오타입이 아닌 자신의 고유한 사고방식과 서사 스타일을 만들어 내는지 살펴보며 혼종성과 그 이면을 분석한다. 두번째로는 연쇄적인 교통사고로 초래된 프리웨이 위의 대혼란이 충격을 유발하고 급기야 당국이 노숙자를 대규모 학살하는 것으로 마무리되는 일련의 사건이 미디어에서 어떻게 보도되고 있고, 이 조작된 보도를 시청자들이 어떻게 무비판적으로 흡수하고 있는지를 분석한다. 이 장에서는 이 과정을 통해 미디어가 현대사회에 미치는 엄청난 파장과 미디어가 대체하는 시청자들의 행위성을 살펴본다. 나아가 처음에는 뚜렷이 구별되는 인물들의 서사가 전개를 거듭하면서 어떻게 서로 개별적 특징을 교환하며 나중에 긍정적 인물의 고유한 사회적 관점이 다른 사람에게 인계되고 그들을 행위로 이끄는지를 살펴보고자 한다.

2. 복합적 혼종사회 제시를 위한 서사적 특징

『오렌지 회귀선』은 사실주의와 환상이 섞인 소설이다. 이 소설은 멕시코의 마사틀란에서부터 미국 로스앤젤레스까지 국경을 넘나드는 실제의 지리 공간을 배경으로 하고 있다. 로스앤젤레스에 살고 있는 기자인 가브리엘은 고향인 마사틀란에 대한 향수에 젖어 별장을 세우고 있는 중인데, 그곳은 지구가 태양에 가장 가까운 곳이라는 북회귀선이 통과하는 바로 그 지점이다. 그곳에서 자라고 있던 오렌지 중

하나에 북회귀선이 스며들고, 그 별장에서 일하던 인부이자 민중의 대표로서의 상징성을 띤 인물인 알케인젤이 그 특별한 오렌지를 들고 북으로 이동하여 로스앤젤레스로 들어온다. 노상에서 그가 보여준 묘기를 보고서 수많은 멕시코 하층계급들 또한 그를 뒤따라 일자리를 얻으려 북으로 이동한다. 이것이 중심 플롯 중의 하나인데, 여기에는 환상이 현실 속에 스며들어 있다. 북회귀선이라는 실제 지리선이 북쪽으로 이동하는 것이나, 알케인젤이 지금 행동하는 소설 속의 인물이면서 동시에 멕시코 신화 속에서 민중의 구원자로 500년 넘게 살아온 사람으로 제시되는 것 등이 그 예이다. 야마시타는 멕시코와 남아메리카의 땅덩이가 북쪽으로 옮겨 가고 북회귀선이 남캘리포니아로 끌어 올려지는 환상적 구도를 통해서 자본과 노동으로 역할 분담된 미국과 멕시코의 경계를 멕시코의 성난 민중들이 흔들며 미국으로 월경하고 있는 현실 상황을 제시한다. 현재의 전 지구적 자본주의의 흐름에 대항하는 것은 너무나 힘든 일이기에 야마시타는 민중의 구원자라는 멕시코 신화의 아우라를 알케인젤에게 입힌다. 알케인젤 같은 초인적인 힘과 용기를 가진 자를 제시하고 있는 것은 그렇지 않고서는 나프타로 대변되는 전 지구적 자본주의의 비참한 현실을 바로잡기가 그만큼 어렵기 때문이다.

　이 소설의 주인공은 7명이다. 이들의 가장 큰 공통점은 소수민족계라는 점으로, 이민자들의 자손이든가 아니면 그들 자신이 미국으로 이주해 온 지 얼마 지나지 않은 이주노동자들이다. 주류 세력인 백인은 없고 모두 소수민족계인 이들은 다채로운 민족계 출신이며 각기 다른 사회계층의 사람들이다. 연인 사이인 일본계 에미와 멕시코계 가브리엘은 부모나 조부모 때 이민을 와서 현재에는 미국인으로서의 상당히 안정된 정체감을 가지고서 각각 방송국 PD와 신문기자로 일하고 있다. 또 다른 부부인 중국계 보비와 멕시코계 라파엘라는 둘 다 미국으로 이주한 지 얼마되지 않은 노동이주자로서, 다양한 밑바닥의 일자리를 경험해 왔다. 에미와 가브리엘은 이민 3세로 중상류층 전문직 종사자이고, 보비와 라파엘라는 이주노동자로서 중하류층에 속하지만 각각 비슷한 점으로 다시 묶인다. 에미와 보비는 전 지구적 자본주의의 흐름을 따라가며 무비판적으로 생활하는 사람들의 모습을 보여 주는 반면, 라파엘라는 남편의 맹목적인 물질 추구에 실망하여 멕시코의 고향으로 아들을 데리고 돌아가 버리는 인물이며, 그녀와 고향이 같은 가브리엘은 에미의 지독히 세련된 지적 냉소에 맞장구를 치면서도 라파엘라가 보여 주는 비판적인 순수함에 묘한 끌림을 보여 주기도 하는 복합적인 인물이다. 이들은 이런 성향적 차이를 가지면서도 각각 중상류와 중하류층에 속하면서 전 지구적 자본주의의 회로 속에서 쳇바퀴 돌고 있다.

이에 비해 다른 세 인물은 유목적인 생활방식을 가진 인물들로 매우 비관습적인 사람들이다. 한 사람은 앞서 말한 신화적 인물 알케인젤Archangel('대천사'를 의미)이고, 다른 두 사람은 부즈웜과 만자나이다. 이 세 인물은 현재의 자본주의와 상업주의에 매몰되어 돌아가는 사회로부터 한 발 빼고서 약자의 입장에서 사회를 바라보는 시각을 가진 사람들이다. 아프리카계 미국인인 부즈웜은 시계를 줄줄이

차고 라디오를 들으면서 도심을 걸어 다니며 다운타운의 낙후된 주
민들에게 사회 서비스에 대한 정보와 도움을 준다. 도심 한가운데의
가난한 소수민족이 모여 사는 곳에 살면서, 그는 시계와 라디오에 의
지하여 시시각각으로 벌어지는 뉴스 상황에 관심을 두고서 지역민
들에게 정보와 그에 따른 어떠한 도움이든 주려 한다. 에미의 할아버
지인 만자나는 본래 외과의사로서 아쉬울 게 없던 전문인이었는데,
수술하다가 말고 한순간 가족과 재산을 다 버리고 노숙자가 되기로
선택한 사람이다. 만자나라는 이름은 1940년 일본이 진주만을 습격
한 후 미국이 이듬해 서부 지역의 일본인들을 모두 집단수용소에 가
두게 되는데(2장 참조), 바로 그때 그가 태어났던 수용소의 이름을 따
서 지어진 것이다. 그의 이름에서 노숙자가 되기로 투신한 갑작스런
변모가 뭔가 집단수용소에 감금된 경험과 거기에서 나온 비판의식
등의 영향을 받았을 것이라는 추측이 가능하다. 그는 모든 것을 버리
고 유랑자가 되어 프리웨이 고가도로 위에서 도심의 소리들을 지휘
하며 혼종사회로 가고 있는 사회 변동의 흐름을 묵묵히 기록한다.

　이렇게 다양한 인종과 민족계의 인물들이 또한 각기 다른 가치
관과 성향을 가지고서 자신의 서사 공간을 갖게 된다. 야마시타는 7
명의 인물들에게 서사를 동등하게 배분한다. 7명은 월요일부터 일요
일까지 7일 동안 날마다 자신의 서사를 전개한다. 즉 하루는 7개의
절로 이루어지고 소설 전체는 7일 7개의 장과 49개의 절로 이루어지
는 구조가 된다. 인물들은 각각 7번의 서사 기회를 갖는 것이고 그 속
에서 점차 인물들은 발전한다.

가브리엘만 1인칭으로 자신이 서술하는 것으로 되어 있고 다른 인물들은 전부 3인칭으로 지칭되며, 작가적 서술자가 그 인물의 특성에 맞는 스타일로 써 나간다. 가브리엘이 1인칭이라고 해서 독자들이 그의 마음을 다른 인물보다 더 직접적이거나 친밀하게 보게 되는 것은 아니다. 오히려 그는 기자로서 프리웨이의 대학살 사건 현장에 있어야만 하는데도 위험에 빠진 라파엘라를 구하러 멕시코에 내내 머물러 있게 되고, 현장에 간 에미가 돌발적 행동으로 총격을 당해 죽게 되는 정보도 제일 나중에 알게 된다. 가브리엘만 1인칭인 것은 그의 직업인 기자로서의 글쓰기 형식을 그에게 맞게 작가가 준 것인 듯하다. 앞서 이 소설이 세계 지리를 위반했다고 했듯이 이 소설은 민족적·인종적 정체성을 위반한다. 이들 인물들은 사람들이 흔히 생각하는 정형화된 특성과는 거리가 멀다. 그렇다고 민족적·인종적 특성을 전혀 가지고 있지 않다는 말이 아니라 각 주인공은 그러한 정체성을 가지고 그들의 나이와 계급과 직업과 취향과 가치관에 따라 매우 개별적인 주체로서 성장하고 그들의 서사는 그것을 확연히 부각시킨다. 인종만으로도, 계급만으로도, 성별만으로도 정해지지 않는, 이 모든 것에 영향을 받으면서 동시에 그들의 취향과 가치관이 녹아 들어가 있는 각각의 인물들이 이 소설의 가장 큰 매력이다.

혼종적 사회를 체현하고 있는 대표적 인물은 보비이다. 그는 "코리아타운에 살면서 멕시코인처럼 말을 하는 베트남 이름을 가진 싱가포르계 출신의 중국인이다"(Yamashita, *Tropic of Orange*, p.15). 다시 풀면 본디 싱가포르계 출신의 중국인인 그는 미국으로 이민하기 위해 베트남 난민인 척 이름도 바꿔 입국했고, 미국에서는 치카노 Chicano(멕시코계 미국인)들이 사는 곳으로 들어가서 그들과 함께 라틴아메리카식 교육을 받으며 성장했으며, 이주노동자로 다양한 일을 전전하다 지금은 코리아타운에서 집도 차도 마련하여 살고 있다. 그는 몸을 사리지 않고 닥치는 대로 열심히 일하며 순발력 있는 생존 감각과 적응 능력을 발휘하여 미국 사회에 자리를 잡았다. 미국 사회에 자리 잡기까지 다양한 소수민족과 부대끼며 일하던 경력은 고스란히 그를 혼종적으로 체질화한다.

보비의 장들의 제목은 경제적 거래와 연관된 '수당', '사회보장', 경제적 축적과 연관된 '제2저당', '생명보험', 과시적 소비와 연관된 '자동차 할부금 마감', '비자카드', '아메리칸익스프레스' 등이다. 이 제목들은 그가 미국과 오로지 경제적으로만 연관을 맺고 있음을 보여 준다. 그는 열심히 일하여 돈을 벌고 텔레비전 광고에서 선전하는 브랜드의 옷과 가전제품을 산다. 그는 노동과 소비 양 측면 모두에서 미국의 자본주의 경제에 긴요한 역할을 하고 있다. 보비와 같은 무조건적인 추종자에 의해 전 지구적 자본주의의 회로가 쉼 없이 돌아가기 때문이다.

그의 거침없는 자본주의적 추종에 발동을 걸 수 있는 사람은 아내 라파엘라밖에 없다. 라파엘라는 멕시코 여성으로 보비보다 훨씬 가난한 계층의 출신이나 인권에 눈이 떠 있다. 그녀는 미국 사회가 이주자들을 "인간 세탁기, 인간 청소기, 인간 쓰레기 분쇄기"(p.201) 정도로 알고 노동의 정당한 대가를 지급해 주지 않는 데에 분노를 느긴다. 그녀는 사회정의에 대해 보다 뚜렷한 의식을 갖기 위해 야간대학을 다니기도 한다. 보비는 광고에서 선전하는 가전제품과 옷들을 사다 주며 가정에 충실하지만, 라파엘라에게 그는 아무런 생각과 비판의식도 없이 사는 사람으로 느껴지고 그녀는 결국 가치관의 차이에 의해 아들을 데리고 고향으로 돌아간다. 뒤늦게 보비는 아내의 그러한 불만이 심각한 것이었음을 인식한다. 그 뒤늦은 인식을 표현하는 방법 또한 그답다.

보비는 이제야 이것을 알았다. 라파엘라는 심각했었다는 것을. 그는 들으려고도 하지 않았다. 그녀는 심각했는데도. 그녀는 남편의 일을 존중했다. 하지만 그녀는 그것보다 더한 것을 원했던 것이다. 아내는 비디오세트와 자동차 시트를 부착한 선홍색의 카마로Z28도 놓고 떠났다. 아내는 집도 버렸고 두 개의 화면을 동시에 시청할 수 있는 32인치 소니 KV32V25 스테레오TV와 파나소닉 pus4670 Super-VHS VCR과 소니 Super-ESP CD플레이어와 AT&T 9100 무선전화와 가구와 옷가지 등과, 얼음도 나오고 투도어인 전기냉장고와 메이테그 최신형 가스점화식 세탁 건조기, 샤프 캐러셀R1471 오븐레인지와 그 밖의 모든 것을 다 놓고 나가 버렸다. 아내는 책 몇 권과 아들 솔의 옷과 장난감 몇 점만 가지고 떠났다. 그냥 나간 거다. 심지어 시큐리티도어도 안 잠그고 나갔다. 떠났다. 그녀는 이런 것을 원한 게 아닌 거다. 더한 어떤 것을 원했던 거다. (p.80)

이는 이런 소중한 물건들을 다 두고 나가다니 하며 물건을 객관적 상관물로 대응해야만이 감정의 절실함이 느껴지는 보비의 상태가 잘 드러나는 인용이다. 지금 이렇게 브랜드명과 상품명을 그대로 다 적는 그는 정말 심각하게 깨달으면서 비통한 심정으로 말하고 있는 것이다. 평상시의 가볍고 자신감 있는 그 같았으면 이렇게 또박또박 시간 들여 상품명과 품목명을 다 기입하지는 않는다. 쉬운 단어로 짤막하게 단문의 문장을 명령문으로 주어 없이 서술하는 게 그의 방식이다. 아울러 뜻밖의 통렬한 인식을 하는 진심의 순간도 이렇게 물질로 표현할 수밖에 없는 것이 그의 특징이다. 그의 특징은 그의 인종적·민족적 특성이랄 수는 없고 자본주의 사회의 사고방식의 내면화를 보여 주는 것이라 할 것이다. 그렇다고 그가 자린고비도 아니고 고국에 있는 동생의 학비와 아버지의 생계비를 다 대는 인정 있는 사람이다. 그럼에도 이주국에서 생존하며 다각도로 적응해 오는 동안 자본주의 사회의 톱니바퀴형이라 할 사람으로 언어와 사고가 형성된 것이다.

보비의 서사는 민족계나 교육 수준이나 성별 등 모든 면에서 사뭇 다르면서도 어떤 점에서는 흡사한 면이 에미의 서사를 생각나게 한다. 방송사 PD인 일본계 에미는 지나치다 할 정도로 세련되고 빠른 말투를 사용한다. 첨단의 유행을 따르며 달변의 냉소적인 유머를 구사하는 그녀는 현대의 '까도녀'(까칠한 도시 여성)를 연상시킨다. 애인 가브리엘과 고급 일식집에서 프리웨이의 교통사고로 차들이 옴짝달싹하지 못하는 재앙적 사건의 시초를 텔레비전으로 보면서 즐거운 흥분의 기운을 느끼며 신랄한 말들을 뱉는다. 다양한 인종과 민족의 손님들을 훑어보면서 그들에게 맞는 운명들을 추측하며 안 주 삼아 애기하던 그녀는 자신이 하는 일이라는 것은 이런 거라고 말 한다.

중요한 것은 누구나 그것을 할 수 있다는 거죠. 그냥 하면 되는 거고 그 일은 오직 돈 버는 데 있죠. 당신 같은 선하고 정직한 사람에 대 한 이야기도 아니고 우리 같은 치카노나 아시아계들이 무고한 비난 을 받는 것에 대한 것도 아니고 제3세계 국가들이 독재자를 지도자 로 할 수밖에 없는가에 대한 애기도 아니고 민주주의를 위해 세계를 안정시켜야 한다는 애기가 내 일에 중요한 것도 아니죠. 상품을 파는 것이 일의 핵심이죠. 리복, 펩시, 시보레, 올스테이트, 팸퍼스, 폴로로 코, 리바이스, 프리토스, 래리파커ESQ, 타이드, 레이드, 필스버리도 우보이, 페이머스아모스. (p.126)

그녀의 단어나 소재는 보비의 그것보다는 훨씬 추상적이고 아 카데믹한데, 사고의 결론은 보비와 똑같이 브랜드 이름으로 집결된 다. 자기가 하는 뉴스 프로그램은 제3세계나 소수민족의 인권 등을 논하는 것이 목적이 아니라 뉴스 사이사이에 광고를 내어 브랜드를 파는 것이라고 에미는 말한다. "문화적 다양성이라는 것도 다 꽝"이 며, "그냥 스시 먹고 인디언 티셔츠 입고 하는" 것이 그것이라고 말 이다(p.128). 보비와 에미는 둘 다 소비사회의 말초적 유행을 따르는 삶을 살며 사회에 대한 비판의식을 가지고 있지 않다. 보비는 성공한 이주노동자들의 수준에서 할 수 있는 중저가 브랜드를 구입하면서 여가를 보내고 에미는 훨씬 더 고급의 레스토랑과 미식가적 요리를 소비하지만, 둘 다 상품화된 다문화주의를 무조건 껴안은 것은 공통점이다. 에미의 경우는 더구나 상품을 미화하는 광고를 만들어 사람들을 소비로 이끌어 보비와 같은 사람들이 소비자로서 사회에 '기여'하도록 유혹하고 기업의 부를 '창출'하여 지금처럼 혼종적 눈요깃거리와 먹거리가 풍부한 사회를 만들어 내는 데 '일조'를 한다.

미국 사회에 열심히 적응해 사는 이주노동자 보비와 미국인으로서의 정체성에 상당한 자신감을 갖고 살아가는 일본인 3세 에미는 현재 미국 혼종사회의 특성을 추종하며 발전시키는 인물들이다. 그런데 그들이 만들어 가는 혼종사회는 마르완 크레이디가 '지구화의 문화 논리'라고 비판한 것을 전혀 비판의식 없이 추종하는 형태이다. 크레이디는 현대사회의 화두로 등장한 혼종성이라는 개념을 세계경제를 휘두르는 초국가적 기업들이 상품화의 도구로서 유리하게 이용하고 있음에 주목한다(Kraidy, *Hybridity or the Cultural Logic of Globalization*, pp.15~30). 초국적 기업이 더 많은 이윤을 낼 목적으로 '문화적 혼종'과 '문화적 유동성'과 같은 용어들을 차용하여 '이질성'이나 '혼종성'에 대한 소비자의 욕구를 만들어 소비시장을 형성한다. 이러한 일반 추종자들이 있기에 초국가기업과 선진 자본주의 국가들이 '자유시장'과 '자유무역'을 내세워 세계시장을 잠식해 갈 수 있다. 세계가 자본주의 세력으로 재편되기 위해서는 이러한 일반 추종자들의 무비판적 동의가 선제되어야 한다. 야마시타는 이러한 상품화된 혼종성의 추종자가 너무 많아졌음을 보여 준 뒤에, 알케인젤의 장에서 민중의 대표자 알케인젤이 나프타를 의인화한 챔피언 수퍼나프타Supernafta와 싸워 죽게 되는 결말을 독자도 수긍할 수 있게 제시한다.

세계적으로 혼종문화를 가장 괄목할 만하게 보여 주는 도시라 할 수 있는 로스앤젤레스에서 부각되는 또 하나의 특징은 부의 양극화이다. 그 다채로운 혼종성의 겉모습 이면에는 여전히 부자와 빈자로 양극화되어 있음이 부즈웜과 만자나와 알케인젤의 서사에게 부각된다.

본디 로스앤젤레스는 자본주의의 발달과 외부로부터 유입된 이주민의 증가로 성장한 도시이다. 19세기 중반에 미국의 영토로 편입되면서 동쪽에서 백인 개척민들이 경제적 기회를 찾아 대거 이동했고, 본디 그곳에 살던 멕시코인이 원래 있었고, 거기에 여러 남미 국가들에서도 라틴계 이주민들이 대거 들어왔다. 아시아의 이민자들도 태평양을 건너면 바로 도달하는 데다가 기후도 쾌적한 로스앤젤레스를 선호하며 모여들면서 도시 형성 초기부터 다인종 사회를 이루었다. 그런데 그 혼종사회는 서로 혼합되고 융화를 이루는 것과는 거리가 멀게 인종과 계급별로 확연히 분리된 거주지를 형성하였다(Davis, *City of Ouartz*, pp.5~20). 대부분의 사회가 부의 정도에 있어 양극화적인 현상을 보이지만, 다인종이 거주하는 이 도시에서는 인종이 위계 짓기의 중요 척도로 작용하여 사회의 양극화가 외양으로 명시화되고 있다. 로스앤젤레스 중에서도 도시의 다운타운을 관통하는 하버 프리웨이라는 간선도로는 인종적 구분을 중심으로 하는 도시 구조 형성을 대표하는 곳이다(이수영, 「다인종사회의 형성과 미래」, 121쪽). 이주민들이 많이 오면서 일자리가 가까운 다운타운에 거처하게 되면서 백인 중산층들은 쾌적함과 안전을 위해 교외 주택지로 이사하게 된다. 백인 중산층들이 도심에 위치한 직장으로 가는 접근성을 높이기 위해 도시 내에 프리웨이들이 건설되기 시작했다. 프리웨이들은 이들이 통근하기 위한 수단일 뿐 아니라 이주민 거주 지역을 거치지 않고 바로 도심으로 직통할 수 있게 해주었다.

키가 2미터가 넘는 건장한 아프리카계 남자 부즈웜이 사는 지역은 프리웨이 밑 제퍼슨 대로와 노르만디 거리가 위치한 곳으로 중산층 백인의 시야로부터 가려져 있는 곳이다. 이 지역은 주로 소수민족 출신 이민자들의 초기 밀집 지역이고, 한인 타운이 위치하여 1992년 폭동이 일어난 곳이기도 하다. 그는 지역민들이 살고 있는 열악한 환경을 개선하기 위해 자칭 자비의 사도로 나선 사람이다. 라디오를 들으며 그날그날 시시각각의 뉴스에 맞춰 지역민에게 정보와 도움을 제공한다. 혼종사회의 양극화 현상은 부즈웜이 야자수를 보는 장면에서 잘 드러난다. "그는 자랄 때 나무를 한 번도 보지 못했"는데, 처음 프리웨이를 지나면서 세상을 다시 본다. 교외의 주택과 도심을 곧장 연결하는 "거대한 다리"와 같은 프리웨이 위에는 키 큰 야자수 들이 하늘을 쳐다보며 줄지어 서 있는 것이다(Yamashita, *Tropic of Orange*, pp.31~33). 바로 그 프리웨이 밑이 그가 사는 가난한 지역인

데, 그가 살던 곳이 존재하고 있다는 것을 표시해 주는 것은 프리웨이 위에 뻗어 있는 이 키 큰 야자수뿐임을 보게 된다.

야자수는 아름답죠. 그 아름다움은 그 근처 바로 밑에서 살고 있는 사람들은 누구도 즐기지 못하고, 멀리서 봐야만이 감상할 수 있는 아름다움이죠. 야자수 밑에 있는 모든 것들은 가난하고 미쳤거나, 추하거나 아름답고, 진솔하거나 창피한 것들이죠. 멀리서 보면 그저 상상만 되는 온갖 삶의 양상들이죠. 아마도 이 때문에 야자수는 물이 필요하지 않아요. 야자수는 물이 아닌, 이 지역 사람들이 제공해 주는 것을 먹고 자라니까요. 그것은 훌륭한 비료고, 아주 촉촉하고 풍요로운 물인 게죠. 그 자양분이 도시의 가장 큰 나무를 키워 내고 야자수들은 모든 것을 아래로 굽어보며 아름다운 풍경의 상징이 되죠. 아주 멀리서만 감상할 수 있는 아름다움을. (p.33)

차를 타고 가는 사람들은 야자수에 가리워진 열악한 지역을 보지 못하고 설사 기회가 있더라도 안전을 위해 접촉도 피한다. 이렇게 중산층이나 백인에게는 없는 곳으로 치부되는 이 지역 사람들이 사실은 로스앤젤레스의 아름다움을 만들어 내는 야자수를 키워 내는 것이라고 그는 말하고 있다. 부즈웝은 도시의 비료 역할을 하고 있는 지역민에 대한 애정을 드러내고 혼종사회 속 양극화에 대한 비판의식을 표출한다.

부즈웝과 만자나와 알케인젤은 전 지구적 자본주의의 궤도로 달리는 사회를 비판적으로 바라보는 사람인데 그들의 살아온 배경이나 서사는 각기 다르다. 부즈윔은 주로 인종적인 위계 구도 속에서 불이익을 당하는 지역민들의 더 나은 일상을 위해 자원봉사에 헌신하는 사람이다. 위의 인용에서 보듯 부즈윔의 서사는 과장이나 울분과 같은 격한 감정이 매우 절제된, 담백한 스타일이다. 이 또한 흔히 아프리카계 미국인들의 감정 기복을 크고 직설적으로 표현하는 방식이나 방언적 표현과는 차이가 나는 스타일로 부즈윔의 서사는 그의 기민한 성숙함을 드러낸다. 가장 치열하고 감당하기 어려운 현실을 접할 기회가 남보다 많은 부즈윔은 그런 상황을 다루면서도 과장이나 자세한 설명을 자제한다.

한편 스스로 노숙자이기를 선택한 만자나는 부즈윔처럼 자기 지역 안에서의 구체적인 실천을 통해서가 아니라 다양한 이질적 존재들의 목소리를 모두 모아 하모니를 이루고자 한다는 점에서 보다 원대한 시각을 가지고 있다. 프리웨이에서의 교통사고가 교통정체를 만들고, 운전자들이 차를 버리고 현장을 떠나고, 그 차에 노숙자들이 올라타고 경찰이 총격을 가하고, 여기에 알케인젤을 위시한 멕시코의 이주자들이 격돌에 합세하는 모든 큰 장면들은 프리웨이의 가장 높은 곳에 서 있는 만자나의 눈을 통해 제시된다. 프리웨이 격돌 사건이 "플롯의 테이블을 뒤집어 침입자 쪽에 확고히 서서 도시가 민족 구성 성분에 있어 변해 가는 인구망에 공감하는 입장에 서 있는" 만자나의 시각을 통해 서술되는 것이다(Rody, "The Transnational Imagination", p.139). 이 모든 조망은 난이도 높은 단어와 복합문을 사용하고 전직 의사의 예리한 관찰력과 분석력이 돋보이는 만자나의 서사를 통해 제시된다.

3. 혼종사회의 중요 인자인 미디어의 행위성

베네딕트 앤더슨은 비슷한 혈연과 정체성을 가진 민족이라는 공동체를 사람들이 상상하기 시작한 데는 인쇄술이 크게 기여했음을 지적한다. 16세기부터 시작된 인쇄술의 발달은 책읽기를 라틴어를 아는 소수의 엘리트들만의 향유로부터 소액의 잡지를 살 수 있는 중산층의 향유로 확대하였다. 신문과 소설을 읽기 시작한 사람들은 다른 독서 대중과 경험을 공유하며 비슷한 의식과 감정을 느끼기 시작하면서 하나의 민족이라는 상상체를 현실화했다는 것이다(앤더슨, 『상상의 공동체』, 65~76쪽). 현재 우리가 사는 시대에 사람들의 가치관과 정치의식의 형성에 가장 영향력 있는 것은 텔레비전과 인터넷일 것이다. 현대 미디어는 촬영이 이루어지고 있는 동시간대에 전선망이 들어가 있는 거의 전 지구의 사람들에게 방영되는 위력을 발휘한다. 올림픽 경기 방송이나 9·11 테러 뉴스에 세계인들이 하던 일을 멈추고 시선을 고정하며 시청하는 경험을 공유한다. 전 지구 곳곳의 사람들이 각기 다른 그들만의 시간과 일상을 멈추고 같은 미디어 이벤트를 시청하는 경험은 하나의 '지구촌'Global Village이라는 상상의 공동체를 만들어 준다.

미디어가 시청자에게 미치는 다각적이고도 지대한 영향은 미디어에 성스러운 후광을 드리우게 한다(Dayan and Katz, *Media Events*, pp.1~15). 텔레비전은 시청자의 사회적·정치적 의식을 깨우고 무료한 시간에 오락성을 부여한다. 인터넷은 책상 앞에 앉아서 필요한 모든 정보를 실시간으로 죽집게처럼 골라 사용할 수 있게 해준다. 사람들의 정신세계에 영향을 미치고 공동체의식을 복돋우는 이러한 미디어의 위력과 효과에 덧붙여서 토머스 프리드먼은 미디어에 의해 국가 간의 경제적 불평등도 개선되게 되었다고 환영한다. "주로 위성, 마이크로칩, 광케이블과 인터넷 덕분에 …… 개도국들도 단순히 선진국에 원자재를 팔고 선진국이 생산한 완제품을 사와야 할 필요가 없게 되었고 …… 개도국들도 일류 생산국이 될 수 있게" 되었다는 것이다(프리드먼, 『렉서스와 올리브나무』, 23쪽).

『오렌지 회귀선』에서 미디어는 대기 중의 공기처럼 인물들의 삶 속에 함께한다. 미디어는 인물들에게 정보를 시시각각으로 제공하고 그 많은 정보들 중 인물에게 그 순간 꽂힌 정보는 인물로 하여금 생각을 풍성하게 하고 발전시켜 나가게 한다. 부즈웜이 지역민들을 돕기 위해서 '오늘의 할 일'을 정하는 것은 그가 24시간 귀에서 떼지 않고 듣는 라디오의 정보를 통해서이다. 그의 장에서는 라디오 앵커들의 뉴스 보도가 이야기 사이사이에 수시로 끼어들고 그것에 대한 그의 반응이 나온다. 멕시코에서 밀수입된 오렌지 속에 코카인이 들어 있다는 보도를 접하자 그는 방송에서 공지하는 것처럼 사람들이 신고하기는커녕 그 '대박' 오렌지를 찾으려고 오렌지 구입 파동이 날 것임을 예측한다. 그런 대중심리를 막기 위해 부즈웜은 지역민을 방문하여 오렌지를 사들이지 말 것을, 코카인이 신체에 얼마나 유해한지를 알리며 신고를 당부하고 다닌다. 그가 선행을 베풀기 위해서는 미디어의 정보가 필수적이고, 그의 사회의식의 발전은 미디어와의 접촉으로 가능하였다. 기자와 PD인 가브리엘과 에미의 대화는 반은 연인들끼리의 사소한 말장난이고 반은 현재 방송되는 뉴스에 대한 것으로 이루어져 있다. 마치 신문을 보는 남편과 스마트폰으로 쇼핑하는 아내가 텔레비전 소리가 나는 응접실에서, 이 모든 정보와 소리들이 함께하는 속에서 간간이 말을 주고받는 현대인의 일상을 보는 듯하다.

야마시타는 미디어가 대기를 갖가지 정보와 소리로 가득 채우고 있는 현대인의 생활의 한 단면을 보여 주면서 미디어와 시청자의 관계에 대해 숙고한다. 야마시타는 앞에 인용한 프리드먼과 같은 미디어에 대한 낙관적인 전망과는 상당히 거리를 두고 있다. 서문에 나오는 "혹한 자극에로 내달리는 집단적 무심함이 그 어떤 단독의 상상력보다도 더 광포하거나 더 분별없거나 더 저속하다"(Yamashita, *Tropic of Orange*, p.1)라는 문장은 텍스트의 중심 주제 중 하나를 시사한다. 미디어가 우리의 삶 안으로 깊이 스며들어 온 현 시대에 사람들은 미디어를 시청하면서 각성이 아닌 집단적 무심함에 젖어든다. 이 소설의 중심 사건은 프리웨이 폭동 사건이며 이 사건의 전말에 미디어는 중요한 행위자가 된다. 그런데 미디어는 자신들의 선호와 이해관계에 따라 공정하지 않은 방향성을 가지고 보도하고 있고, 시청자들이 그것에 수동적으로 반응하는 성향이 만연해 있음을 이 사건의 전말은 보여 준다. 오렌지에 마약을 숨겨 들여오는 사건으로 나라가 어수선한 가운데 프리웨이에서 프로판가스통을 가득 실은 차가 전복되면서 프리웨이는 아수라장이 된다. 프리웨이 정상에서 그것을 내려다보던 만자나는 이 사고가 어떻게 보도되고 사람들이 어떻게 반응하여 어떤 재앙을 가져올지를 예측한다.

만자나는 그 광경을 지켜보며 현 상황은 어리석고 심각한 실황 방송의 소음과, 잔인한 농담으로 치달을 것이고 그러한 모든 것들 저변에는 지독히 폭력적인 가설이 깔려 있음을 내다보았다. 노숙자는 소모품으로 사용될 수 있다는 것, 시민은 무장을 하고 자기 재산을 보호할 권리가 있다는 것이다, 화재의 불길이든, 맥주캔이나 샤르도네 포도주잔을 들고 TV를 보는 벽난로의 불길이든 간에, 불은 사람에게 최면을 건다. (p.123)

프리웨이의 교통사고와 프로판가스의 폭발로 인한 화재를 노숙자들은 현장에서 쳐다보고 있고 사람들은 벽난로 앞에서 텔레비전으로 시청하고 있다. 시청자들은 그 사건의 재난보다는 오히려 그 현장 보도에 스릴을 느끼며 즐거움마저 느낀다. 만자나의 포괄적이고 인류적인 시각과 함께 프리웨이의 현장에 방송차량을 타고 나온 에미의 시각을 통해 독자들은 그 현장을 느끼게 된다. 에미는 뉴스를 전달하는 자신의 프로그램의 지향점을 뉴스 사이사이에 끼어드는 광고의 효과를 극대화하는 데 둔다. 중간광고의 효과를 높여 상품 판매를 늘리기 위해서라면 때론 뉴스를 짜깁기해 왜곡하기도 한다. 에미는 현장에서 같이 타고 있는 부즈윕에게 다음과 같이 말한다. "나는 지금까지 일을 열심히 해왔고, 내가 하고 있는 일에 어떤 환상도 가지고 있지 않죠. 나는 뉴스쇼를 보여 주는 거고. …… 요점은 그 쇼의 모양을 지키면서 모든 것이 선전광고를 에워싸도록 포장하는 거죠"(p.126). 텔레비전의 시청자처럼 여러 개의 채널을 다중 텔레비전을 통해 보며 현장에 있는 그녀에게도 이 재난 현장은 스릴을 느끼게 하는 오락거리이다. 오히려 군대가 프리웨이의 노숙자부터 진압할 것임을 감지하고서 방송차에 올라탄 부즈윕이 더 전문 기자답다. 결국 재난의 현장에 있지만 그 상황을 공감 있는 인지력으로 전혀 파악하려고 하지 않는 에미는 그 순간 일광욕을 하러 방송차 위로 올라간다. 미디어 정치학에 대한 그녀의 나이브한 생각이 이런 엉뚱한 행동을 하게 하고 최초의 군사 공격 앞에 자신을 노출되게 한다.

미디어는 노숙자와 전혀 관계없이 벌어진 사건을 노숙자들의 소행으로 지목한다. 화재에 주인들이 차를 버리고 간 사이 노숙자들이 임시로 차에 올라타자 당국은 이 기회를 틈타 노숙자들에 대한 대규모 소탕 작전에 나선다. 먼저 군대 진압이 미디어에 방송되지 않도록 방송차량의 위성 시설에 총을 쏘았는데 그게 에미를 맞히게 된다. 생방송에는 죽어가는 그녀의 영상만 반복되어 상영된다.

부즈윕은 미디어가 현 상황으로부터 어느 누구라도 구해 줄 수 있을까 하여 주변을 두리번거렸다. 연기 속에서 그는 정글 복장을 한 군인들이 프리웨이의 협곡 쪽으로 이동해 가는 것을 볼 수 있었다. 생방송 모니터는 이 장면은 보여 주지 않고 있다. 모니터는 종말의 시작만 지겹도록 되풀이해서 보여 주느라고 바빴다. 이 영상의 주인공이 되어 버린 그는 그녀를 여주인공인 양 쳐다보았다. 결국 그녀의 죽음은 용서할 수 없는 것이다. 에미로 인해 격분한 미디어들은 그 장면을 보려 할 것이다. 천 명의 노숙자들이 죽을 수는 있지만 어느 누구도 그녀의 희생을 잊을 수 없다. (p.251)

방송은 죽어 가는 그녀의 모습만을 화면에 띄우고 그 화면 이면에서 노숙자들을 숙청하러 가는 군대의 신속한 움직임은 포착하지 않는다. 시청자들은 그녀가 군인이 쏜 총에 맞은 것도 모른 채 노숙자들의 폭동에 희생된 것으로 알고 노숙자들을 그대로 놔둘 수 없다고 울컥한다. 프리웨이의 혼란을 틈타 노숙자를 소탕하고자 하는 정부의 의도와 한 방송인의 죽음을 폭동의 순교자로 미화하여 시청률과 광고비를 높이고자 하는 대기업 미디어의 의도대로 시청자들은 마음을 움직여 준 것이다. 프리웨이 사건의 전말은 미디어가 시청자들의 의식 있는 행위성을 대체해 가고 있는 현 상황을 압축적으로 재현하고 있다.

시청자와 관객의 집단적 무심함이 전 지구적 자본주의를 제어 장치 없이 달리게 만든다. 야마시타는 이 주제를 부각시키기 위해 알케인젤의 서사에서 그것을 다른 방식으로 드러낸다. 그의 서사는 환상과 퍼포먼스적인 요소를 산문과 운문을 섞어 그려진다. 마력적인 노인인 알케인젤은 과일을 가득 실은 트럭이 진흙탕 속에 빠져 있는 보고 웃통을 벗고 양쪽 어깨에 체인을 감고 트럭을 끌어올려 준다. 독자들은 그의 서사가 민중의 장이므로 행동하는 집단의 가능성을 목격할 것으로 기대하겠지만 전혀 그렇지 않다.

> 이 퍼포먼스를 지켜본 사람들은
> 트럭과 거기 실린 과일의 무게로
> 자신들의 몸이 고문당하는 듯이 느껴졌다.
> ……
> 그들은 왜 노인이 그러한 일을 하도록 놔두는 걸까?
> 그들은 무슨 생각을 하고 있는 걸까?
> 그들 자신이 트럭을 밀어야만 하는데도.
> 어리석은 자들!
> 그들은 그저 놀라움에 숨죽인 채
> 자기 몸에 한껏 힘준 채
> 그 묘기가 성공하기를 갈망하며 쳐다볼 뿐이다. (p.74)

관중들은 힘을 보탤 생각은 하지도 않고 꼼짝 않고 놀라움에 입 딱 벌리고 쳐다보고만 있다. 그러면서도 온몸에 쓸데없이 힘을 꽉 주고 있는 아이러니한 모습을 하고 있다. 마치 프리웨이 사건에서 시청자들이 어떠한 지각 있는 판단도 하지 않은 채 미디어가 이끄는 방향대로 판단하고 흥분하듯이 이 퍼포먼스의 관객들도 행위를 하지 않는 수동성을 보여 준다. 알케인젤의 서사 곳곳에는 산문으로 이야기가 진행되다가 지금처럼 운문이 틈입한다. 이는 마치 그리스극에서의 코러스와 같은 역할을 한다. 그리스극에서 코러스는 무대의 인물은 아니면서도 무대 위에서 필요한 때마다 의견을 표명하며 참여한다. 반면 알케인젤의 관객들은 자발적으로 목소리를 내지 않는 구경꾼이 되어 버렸으니 알케인젤이 코러스의 기능까지 맡으며 관객의 자발적인 행위를 촉구하는 것이다.

4. 서로 스며드는 서사와 행위성의 인계

야마시타는 사회의 혼종성을 보여 주는 7명의 인물에게 균등한 서사 기회를 부여하여 각기 정체성과 특성에 있어 인상적인 차이를 보여 주는 7개의 독특한 서사가 이루어 내는 소설을 보여 준다. 이들 개성적인 인물들은 다양한 인종적·사회경제적 관심들을 다른 사람과의 관계 속에서 대면하게 되고 그들의 개별적 성격 속에서 그것들이 반영되어 나타나면서 그들의 서사는 점점 더 복합적으로 된다. 야마시타는 마지막 7일째에 인물들 간의 뚜렷한 개별적 특징들이 상대방에게 스며드는 서사를 통해 힘을 잃어 가는 사람의 행위성을 다른 사람이 인계받고 있음을 보여 준다.

각기 서로를 알지 못한 채 노상에서 사회적 역할을 하던 유목민인 만자나와 부즈웜과 알케인젤은 클라이맥스에서 하이웨이에 같이 있게 되며 서로에게 영향을 미친다. 야마시타는 프리웨이 사건을 다분히 1992년 로스앤젤레스 폭동 사건과 연관 지어 그랬다고 인터뷰에서 밝힌다(Shan, "Interview with Karen Tei Yamashita", p.132). 폭동 사건은 이 프리웨이의 바로 아래에 있는 다운타운, 즉 부즈웜이 사는 낙후된 지역의 주민들이 부유한 백인 중산층에게 반발하며 터졌다. 경찰은 사람들이 백인 중산층 지역으로 몰려가지 않도록 바리케이드를 쳐서 철저히 막았고, 미디어는 흑인과 라틴계들이 한국계들이 운영하는 가게에 침입하고 한국계들이 총으로 자신을 보호하고 나선 장면만을 계속 보도하면서 그 사건에서 백인 중산층을 보이지 않게 하고 유색인들끼리의 갈등 사건으로 만들었다(Kim, "Home is Where the Han Is", pp.220~231; Cho, "Korean Americans vs. African Americans", pp.201~209). 반면 『오렌지 회귀선』에서 야마시타는 만자나의 탈위계적·탈중심적 시선을 통해 전체를 조망한다. 만자나는 백인이 유색인을 차별하지 않고 정착자가 새로운 이주자를 막아서지 않는 탈중심적인 '천사'의 도시를 상상한다(Sze, "Not by Politics Alone'", p.33). 화요일에 촉발되었던 프리웨이의 혼란은 날이 지날수록 위기로 치닫다가 결국 토요일에 격돌과 학살이 이루어진다. 그 충돌 직전에 만자나는 노상의 노숙자들이 내는 소리를 "부드러운 천사의 속성을 띤 반복적인 코러스"로 그려 내고 그들과 노상에서 합쳐지는 알케인젤과 멕시코의 민중들을 다음과 같이 묘사한다.

로스앤젤레스 도시 전체가 남반구로부터 올라오는 웃통 벗은 노인과 오렌지를 든 작은 소년과 그 뒤를 따르는 알록달록한 행렬들의 도착을 알리기 위해 독특한 소리를 내고 있는 것 같았다. 다시 한번 판세가 변화하고 있었다.

만자나는 극도로 흥분하며 도움을 요청하는 리듬을 음악 속에 가득 담았다. …… 다가오고 있는 행렬은 북반구의 몸통 안으로(씰룩이는 엉덩이, 달아 오른 허벅지와 흥분한 생식기 안으로) 천천히 빨려 들어가고 있었다. 북반구의 합리적인 세력들은 남반구에서부터 페니스를 덜렁거리며 집단이 모인 거대한 머리를 앞에서 이끌고 있는 성가신 노인을 쳐다보았다. (pp.238~239)

만자나는 노숙자를 부드러운 천사로, 이주자들을 육감적인 생명체로 묘사하고 있다. 이들을 진압할 공권력이 곧 투입될 것을 알기 때문에 도움을 외치는 소리를 음악 속에 넣으면서 만자나는 이들을 품어 안는 시선으로 바라보고 있다. 이는 이주자들을 미국에 부담이 될 위협적 존재이며 봉쇄되어야 할 존재로 보는 시선과는 거리가 멀다. 네그리와 하트는 『다중』에서 빈자는 전 지구적 자본주의 질서의 희생자이면서 또한 강력한 행위자임을 강조하고 있고, 이주하면서 자신의 세계를 통째로 가지고 다니는 이주자들도 삶정치적 생산의 능동적인 주체임을 강조한다(네그리·하트, 『다중』, 184~195쪽). 야마시타의 지치지 않는 낙관성은 네그리와 하트에 못지않은 듯하다. 소설에서 노숙자들은 행위자로서 인정받지 못하고 애꿎게 희생되는 반면, 이주의 전례를 겪은 7명의 주인공이 그러하듯이 이제 국경을 넘어오는 이들도 생명력과 주관으로 어려움을 헤쳐 갈 것임에 틀림

없다. 북회귀선에서부터 알케인젤을 따르는 무리들이 로스앤젤레스에 도착할 즈음에는 이미 앞서의 수동적인 구경꾼의 모습이 더 이상 아니다. 알케인젤에게 감화를 받은 이주자들이 그의 뒤를 하나의 거대한 집단적인 머리처럼 무리를 이루며 알록달록하게 몸을 흔들어가며 오니 만자나는 꿈틀거리는 생명체가 로스앤젤레스 안으로 밀고 들어오는 듯이 느끼는 것이다.

장기 밀매자를 신고하려다가 납치당해 끈질기게 악인과 싸워서 살아 도망쳐 나온 라파엘라, 아내와 아들이 위협에 빠졌다는 소식에 모든 물건을 다 내던지고 멕시코로 달려온 보비는 알케인젤과 민중들과 함께 세계 레슬링 챔피언대회가 열리는 체육관에 모여든다. 프리웨이 사건이 혼종사회의 갈등과 그것의 처리 방식을 현실적으로 보여 주었다면, 체육관 장면은 소망을 담은 전망이다. 챔피언인 알케인젤이 도전자 수퍼나프타를 맞아 챔피언 방어전을 한다. 자유무역협정에 의해 글로벌 자본에 노동이 저당잡힌 상황을 알레고리화한 것이다(Lee, "We Are Not the World", p.520). 여기서 관중은 일어서서 알케인젤과 함께 몸을 흔들고 후렴구를 리듬을 담아 외치며 마치 스스로 지휘자가 된 듯하다. 이 흥겨운 모습을 서술자는 "어떤 사람들은 점프를 하면서 체육관의 전체 섹션을 연주하였다. 정말 기묘하였다"라고 서술한다(Yamashita, *Tropic of Orange*, p.260). 수퍼나프타가 알케인젤의 등 뒤에서 기관총을 쏘아 알케인젤이 죽고 마는 것으로 알케인젤의 장은 끝난다.

하지만 보비의 장이 체육관의 장면을 그의 시각으로 다시 제시함으로써 알케인젤의 행위성이 보비에게 인계됨이 제시된다. 아들을 보호해 왔던 알케인젤에게서 아들을 건네받은 보비는 양손으로 오렌지 속에 끼어 있는 줄을 잡는다. 순간 마치 열기구 풍선을 잡고 하늘로 날아오르듯 그의 몸이 붕 뜨며 양 팔이 찢어질 듯하다. 그 순간 그는 양손을 놓는다. 마치 여태껏 그가 중시했던 중산계급으로의 상승 욕망과 물질에의 욕망을 놓아 버리듯이. 엄청난 위력을 가진 수퍼나프타와 싸워 알케인젤은 죽었지만 그의 행위성은 이제는 스스로 행동하기 시작한 관중과 보비에게 인계된다. 야마시타가 소망을 담은 전망을 제시할 때에는 현실의 압도적 힘에도 불구하고 그래도 그것을 거슬러 희망을 품고 싶은 것이기에, 여기서도 다시 한번 환상이 끼어드는 것이다. 물질에 그토록 연연하던 보비가 7일간의 위기를 겪고서 어떻게 변모되었는지가 상당히 짐작 가능한 이 마지막 부분에서는, 죽어가는 알케인젤의 가르침이 보비와 그를 뒤따르던 멕시코 이주자들에게 효과를 마침내 발휘했다고 인정하지 않을 수 없을 것 같다.

7명의 개성적인 주인공에게 서사를 고르게 배분한 것은 실은 그 인물들이 그 분리와 경계를 위반하며 서로 스며들어 가는 형상을 그려 내기 위함이다. 인물들은 다양한 인종적·사회경제적 관심들을 다른 사람과 미디어와의 관계 속에서 대면하게 대고 그것은 그들의 개별적 성격 속에 반영되고 스며든다. 7명의 주인공만이 아니라 이 소설의 또 하나의 주인공인 시청자와 멕시코의 이주자들도 이 일련의 경험을 통해 점차 자신의 행위성을 찾아가는 듯하다. 북회귀선이 북쪽으로 옮겨 가서 남캘리포니아까지 끌어당겨지고 있듯이, 지리적 경계의 유동성은 인물들의 사회적 관점에 점차 영향을 미치고 마찬가지로 인물들의 변화하는 사회적 관점을 반영하기 위해서 북회귀선이 이동 중인 셈이다.

[7장]

이주자, 시민권을 넘어서

1. 민족에 근거한 한국 시민권의 폐쇄성

지금까지 살펴본 문학작품들이 주로 미국에서의 이주자들의 삶의
방식과 문화번역을 그렸다면, 이 장에서는 시선을 우리 안으로 돌려
우리나라의 현실을 보려 한다. 백인 중심의 미국 사회의 배타성에도
불구하고 이민과 다문화에 기본적으로 개방되어 있는 미국과 견주
어 보면 한국 사회는 지나치게 폐쇄적이다. 여기서는 한국 시민권의
형성 과정과 특성을 이주자와 관련하여 살피고 혼종화 시대에 우리
시민권이 나아가야 할 방향을 생각해 본다.

　한국은 혈통 중심의 국적법과 시민권을 유지해 오던 나라이다.
같은 혈통의 사람들로 국가와 국민을 형성하고 있는 나라로는 우리
나라와 일본과 독일 등이 있다. 혈연적·문화적 공동체인 민족과 정
치적 공동체인 국민이 거의 일치하는 이와 같은 나라는 혈통 중심의
국민 정체성을 발전시켜 왔다. 반면 미국·프랑스·캐나다·중국처럼

다민족국가이거나 이민 중심의 국가는 문화적·혈연적 공동체인 민족과는 상관없이 국가 중심의 국민 개념이 발전해 왔다. 아무래도 국적법과 시민권이 혈통 중심의 국가에서 더 폐쇄적이다. 한국의 국민 정체성의 근간인 민족주의나, 부계혈통주의에 근거한 국적법이나 외국인에 매우 배타적인 시민권 등이 그 점을 잘 보여 주고 있다. 그런데 최근 30년 사이에 세계는 국경의 구분을 흐리며 하나의 생활권으로 융합되고 있다. 이윤이 많은 곳으로 국경을 가로질러 자본이 이동하고 있고 더 많은 임금을 받을 수 있는 곳으로 가기 위해 수많은 사람들이 국경을 넘는다. 국적과 거주지가 다른 사람들이 속출하고 거주하는 곳의 시민이 아니라는 이유로 인권이 유린되는 사례가 비일비재하다. 혈통을 고집하던 한국도 전 지구화의 상황 속에서 시민권을 재고하지 않을 수 없다.

한국은 신라가 7세기경 삼국통일을 한 뒤로 통일된 국가를 유지해 왔다. 삼국통일 이후 근대국가 건설까지 영토나 종족 구성에서 큰 변화가 없었다. 한국인은 종족적·문화적으로 그 구성이 단순했다. 마지막 왕조인 조선왕조는 500년 이상 지속되었다. 조선은 중앙집권적 관료 체제로 전국적인 통일성을 한층 공고히 했고 이웃나라인 중국, 일본, 만주국과 구별되는 문화적·정치적 특성을 유지했다. 영토적으로는 지금과 같은 압록강과 두만강을 경계로 중국과 맞대었고 일본과는 바다를 통해 영토를 확정 지었다. 이는 유럽에 비해 매우 일찍 국경이 확정된 것이고, 그 이후로도 조공을 통한 외교사절을 제외하고는 국경을 넘나드는 경제활동도 금지하였다(최현, 「대한민국과 중화인민공화국의 국민 정체성과 시민권 제도」, 153쪽). 이는 19세기 후반 서구 열강에 의해 개항이 이루어질 때까지 계속되었다. 대규모적인 이민도 거의 이루어지지 않았다. 이처럼 종족적 단순성과 역사적으로 형성된 문화적 정체성은 19세기 말과 20세기 초에 혈통 중심의 국민 정체성이 발전하는 토양이 된다.

한국인은 하나의 민족이라는 생각이 보편화되어, 19세기 말 또는 20세기 초까지만 해도 한국인들은 '국민' 또는 '국가'에 해당하는 'nation'이라는 말을 사용하지 않았다(이지명, 『넘쳐나는 민족 사라지는 주체』, 82쪽). 같은 혈통이라는 한 '민족' 중심으로의 단결을 강화하며 단군신화를 한민족의 기원에 대한 역사로 재해석하는 작업이 이루어졌다. 그런데 구한말 점차 한국이 서구와 일본 제국주의의 위협에 직면하면서 정치인과 지식인들은 한국인을 주권을 가진 평등한 시민으로 새롭게 재정립하기 위해 'nation'이라는 개념을 도입하기 시작한다. 국가가 없이는 인권도 없고, 국가가 없이는 민족도 해체되는 현실적 난국 속에서 국가를 지키고 모든 경제적·인적 자원을 집결하려는 노력이 모색되었다. 그러나 결국 1910년 일본의 강점 이후 한국인들이 의탁할 수 있는 독립적 국민국가는 사라져 버려 국가 중심의 국민 정체성은 한국인들 사이에서 그 현실적 기초를 잃어버리게 된다. 일본의 강점으로 한국인의 정치적 공동체인 국가가 사라져 버렸기 때문에 종족과 혈통에 기초를 둔 정치적 공동체인 민족이 유일하게 한국인의 독자적 정체성을 보장할 수 있는 공동체로 남는다.

'민족'이라는 용어가 잃어버린 국가의 회복을 위한 주체로서 부각되면서 광범위하게 사용되고 그 의미가 한껏 급상하였다. 한국의 지식인과 독립운동가들은 한민족의 독자성을 열렬히 옹호하였다. 그들은 한국인이 단일민족이라는 신화를 활용하여 한국인의 자결권과 한국인들끼리의 일치단결을 주장하였다. 민족주의자들은 한국인을 고정불변하고 영구한 공동체로 규정하기 위해 종족성에 인종적 특징을 혼합하였다. 혈통 중심의 인종주의적 자기 인식은 우리 한국인은 커다란 가족의 구성원이라는 감정을 불러일으켰다(이지명, 『넘쳐나는 민족 사라지는 주체』, 44쪽). 국가를 잃은 난국에 민족정신을 함양하고 한민족끼리의 일치단결을 강조하는 것은 구국 이념으로서의 역할을 하였다. 민족주의는 민족이 위기에 처했을 때는 위기를 헤치고 나오게 하는 정신무장의 도구이면서 평시에는 자기 민족의 이익을 위해 이방인이 근접하지 못하도록 불이익을 강요하는 방패가 되었다.

단일민족의 신화에 근거한 민족주의는 1948년 대한민국 건국 이후의 국적법에 투영된다. 국적법은 한국에서 시민 자격을 법적으로 규정하는 법이다. 한국의 국적법은 지나친 민족의 경계 틀 속에서 매우 폐쇄적이고 배타적이다. 국적이나 시민권을 획득하는 데 있어 그 나라의 제도가 얼마나 폐쇄적인가 혹은 개방적인가를 크게 구분하는 기준이 있다. 속인주의, 속지주의, 거주지주의가 그것이다. 속인주의는 한 나라 국민의 자손은 어디에서 태어나든지 그 나라의 시민권을 가진다. 속지주의는 부모의 국적에 관계없이 자신이 태어난 나라의 시민권을 갖는다. 거주지주의는 그 나라에서 태어나지 않았어도 정해진 기간을 살게 되면 거주국의 시민권을 얻게 된다. 미국이나 캐나다, 남미권의 나라들이 속지주의를 취하여 이방인에 대해 보다 개방적이다. 우리나라에서 사회문제화되고 있는 원정출산은 이러한 속지주의를 노리고 원하는 나라에 입국하는 경우이다. 속인주의는 외부로부터 이주한 사람과 자손에 대해 훨씬 더 배타적이어서 그들에게 시민권을 부여하기 꺼리는 나라들이 채택한다. 민족 혈통을 중시하는 한국이나 일본, 독일이 대표적이다.

1948년에 제정된 대한민국의 국적법은 속인주의와 부계혈통주의를 원칙으로 한다. 속인주의를 기본으로 하고 거주지주의적 요소를 최소한도로만 채택하여 2세 또는 3세 외국인 이민자들에게도 출생 시 대한민국 시민권을 부여하지 않았다. 외국인이 귀화하려 해도 혈통 중시주의 때문에 매우 힘들었다. 1948년부터 1985년 사이의 국적 취득자는 극히 드물었다. 영주권도 인정하지 않아서 2002년 영주권 제도가 생기기 전까지는 오래 거주한 외국인도 전혀 혜택을 받지 못했다(최현, 「대한민국의 국적 제도의 개선 방안 모색」, 234쪽). 화교 등 장기 거주 외국인들은 거주자로서의 권리를 거의 인정받지 못했고, 경제활동과 재산에 있어 많은 불이익을 받았다.

1990년대까지 국적 제도는 거의 변화 없이 유지되다가 1997년에 '부모 양계 혈통주의'로 개정된다. 이런 변화를 가져온 것은 여성운동의 덕택이다. 많은 여성단체들이 부계만을 인정하는 국적법 개정을 요구하면서 국회에 청원서를 제출했고, 유림 등 전통주의자들의 완강한 저항에도 불구하고 수정을 이끌어 냈다. 이로써 그전까지는 한국인 아버지와 외국인 어머니 사이에서 태어난 자식에게만 국적이 부여되던 것에서 이제 한국인 어머니와 외국인 아버지 사이에서 태어난 자식도 국적을 받게 되었다. 2000년 이후 외국인 여성과의 국제결혼이 증가하고 외국인 여성 배우자의 인권이 문제되자 2004년 국민의 배우자의 귀화 요건을 완화하였다.

한 나라에서 인생의 대부분을 보내는 사람이라는 시민 개념은 점점 근거를 상실하고 있다. 국민의 배타적 권리를 의미하던 시민권 개념도 이제 비시민의 권리까지 포괄하는 것으로 확장되어야 한다(설동훈, 「국제노동력 이동과 외국인노동자의 시민권에 대한 연구」, 373쪽). 한국은 혈통주의적 국적법의 원리를 견지하면서도 경제발전을 위해 단기계약에 의해 이주노동자를 많이 수입해 왔다. 이주노동자들의 입국을 허용하면서도 시민이 아니라는 이유로 언제나 그들의 권리를 침해해 왔다. 시민권의 내용 안에 비시민의 권리도 포함해야 한다고 할 때 가장 먼저 다루어야 하는 것은 비시민의 가장 많은 영역을 차지하고 있는 이주노동자들이다.

2. 「방가? 방가!」 그리고 「깊고 푸른 밤」

육상효 감독의 2010년 영화 「방가? 방가!」는 일자리를 찾아 자국을 떠나 한국에 와서 오랫동안 거주하며 노동하는 이주노동자들의 애환과 취약한 신분을 잘 보여 주고 있다. 동남아에서 온 외국인노동자들의 이야기가 기록영화가 아닌 상업영화로서 정식 영화관에서 개봉되긴 힘들다. 그것이 영화화되기 위해서는 한국인 주인공이 필요하다. 육상효 감독은 이러한 상황에서 한국 사람인 방태식이 부탄 사람으로 위장하여 이주노동자들이 일하는 가구 공장에 취업하는 설정을 만든다.

시골에서 일자리를 찾아 상경한 방태식(김인권 분)은 내세울 만한 스펙도 전혀 없고, 더구나 키도 작고 피부도 가무잡잡하고 촌스럽게 생긴 외모로 인해 도무지 취업할 기미가 보이지 않는다. 지원한 이력서만도 한 박스가 넘게 된 상황에서 그는 자신의 약점을 자산 삼아 부탄 사람으로 살기로 한다. 그가 '방가'라는 우스꽝스러운 이름으로 부탄 사람 행세를 하면서 가구 공장의 네팔인, 인도네시아인, 방글라데시인, 베트남인 등과 어우러지면서 촌철살인적인 코믹한 일들이 벌어진다. 사장이 베트남 여성인 장미를 성희롱하려는 데서 유발되는 코믹한 상황이나, 사장이 항상 외국인노동자에게만 야근을 하라고 명령하자 방가가 주도하여 한국인과 외국인의 축구 경기로 결정하게 하면서 벌어지는 해프닝, 방가가 외국인노동자들에게 자기방어의 일환으로 한국인들이 애용하는 욕설의 어근과 파생어들을 가르치는 장면들은 관객들의 폭소를 불러일으킨다. 「방가? 방가!」는 동남아인으로 위장한 한국인을 등장시켜 치열한 리얼리즘으로 재현한다기보다는 블랙코미디 형식을 사용하여 한국 문화의 담론 속으로 끼어들어 온다.

영화 속의 외국인노동자들은 현재 한국에 있는 외국인노동자들의 상황을 훨씬 완화한 형태로나마 드러내고 있다. 소설가 신경숙은

『외딴방』에서 농촌에서 올라온 젊은이들이 학교에 가야 할 나이에 학교에 못 가고 구로공단에서 일하는 1970~1980년대의 착취적 상황을 그렸다. 이들은 구로공단의 작업장에서 하루 종일 똑같은 동작을 반복하며 일을 하다가 밤이면 햇빛도 들지 않고 창문도 없는 외딴 쪽방에 들어가서 잠을 잔다. 이들 젊은이들은 쪽방과 작업장을 오가며 시민이되 시민이 아닌 존재로 살아갔고 그 대가로 그들은 근대화의 첨병이라고 불리었다. 지금 이들의 자리를 대체한 것은 실제로 비시민들이다. 더 이상 한국인들은 그러한 지독한 비인간적 상태를 참아 내려 하지 않기 때문에 한국의 고단한 노동자계급을 대신한 것은 외국인노동자들이다.

작업장이 이제는 값비싼 아파트들이 들어선 구로공단이 아니고 서울 밖을 크게 벗어나 훨씬 땅값이 저렴한 안산공단으로 이동했듯이, 외국인노동자들의 노동 상태는 1970년대의 한국인 노동자들의 상태보다 훨씬 더 열악하다. 이주노동자는 훨씬 더 열악한 작업 현장에서 정식 노동자로 인정받지도 못해 최저임금에도 훨씬 못 미치는 아주 적은 임금을 받고 일하고 있다. 더구나 고용주들은 임금을 관리해 준다는 명목으로 임금을 제대로 주지도 않고 있다. 최 반장(신정근 분)은 월급을 보관해 준다면서 매달 일정액을 그들의 월급에서 떼는 방식으로 돈을 착복하고 있다. 방가의 주동에 의해 외국인노동자들이 그 부당함을 외치며 자신의 돈을 되돌려줄 것을 요구하고 이제껏 어떤 외국인도 떠날 때 최반장에게서 그 돈을 되돌려 받은 사람이 없었음을 상기한다. 불법체류자 단속에 걸리기만 하면 바로 추방당하기 때문에 돌려받을 기회도 날아가기 때문이다. 설령 단속에 안 걸렸을 때조차 불법체류 신분임을 고발하겠다고 위협한다거나 괴롭혀서 스스로 작업장을 이탈하게 한다거나 돈을 받지 못하고 떠나게 하는 등 편법은 너무도 다양하다.

「방가? 방가!」에서 모든 사람을 공포에 몰아넣는 단어가 있다. "Immigration!"(이민국)이라는 말만 들으면 외국인들이 온통 도망가느라 한순간 거리가 아수라장이다가 순간 적막만 흐른다. 이 외침은 마치 공안 정국 때의 통행금지 사이렌의 악몽을 연상시킨다. 당시 국민들은 통행금지에 적발되면 하룻밤 유치장 신세였지만, 미등록이주자들이 이민국에 적발되면 그대로 본국으로 강제 추방된다. 그들은 입국을 위해 든 돈을 갚을 길이 없고, 체불된 임금도 받지 못한 채 붙들린다. 연행과 구금, 그리고 추방에 이르기까지 그들은 이민국의 단속반에게서 무수한 학대와 구타를 당한다. 심지어 그 과정에 목숨을 잃기도 하나 불법체류자의 죽음은 알려지지도 않는다. 등록이 되어 있지 않아 인권 밖에 놓여 있기 때문이다. 거의 모든 나라에서 행정력을 동원하여 불법체류자에 대한 단속과 추방이 집행되고 있다.

2003년에 불법체류자가 외국인노동자 중 78.2%였고 현재도 이 비율은 약 3분의 1에 육박하고 있다. 입국할 때부터 적법한 통로를 거치지 않고 밀입한 사람도 있겠지만, 대부분의 경우는 입국할 때는 적법한 경로를 거쳤으나 정해진 기간 내에 본국으로 돌아가지 않고 계속 체류하여 미등록이 되어 버린 경우이다. 상당수의 이주노동자가 장기 체류를 하면서 주민으로 정착하고 있는 것이 현실이다. 전 지구화와 함께 발생한 노동의 이동은 자본이나 상품의 이동과는 달리 국민국가가 원치 않았던 부수적 결과를 발생시킨다. 국민국가는 순전히 자국의 이익을 극대화하기 위해서 이주노동자 제도를 실시했고 일정 기간을 마치면 이주노동자가 본국으로 돌아가는 순환근무제를 실시하였지만, 일단 인간이 어느 곳에 거주하면 쉽게 그곳을 떠나지 못한다. 새로운 삶이 이미 이주국에서 자리잡아 가기 시작하기 때문이다.

배창호 감독의 1984년작 「깊고 푸른 밤」은 미국에 불법으로 체류하는 한국인 남자가 미국 영주권을 얻기 위하여 위장결혼을 하는 이야기이다. 장미희, 안성기 주연의 이 영화는 영주권과 시민권을 향한 우리 이웃들의 절절한 욕망과 아픈 좌절을 잘 드러내었다. 주인공 백호빈(안성기 분)은 미국 시민권자인 제인(장미희 분)과의 위장결혼을 통해서 미국 영주권을 취득한 후에 국내에 있는 아내를 미국에 초청하여 잘살아 보겠다는 야망을 갖고 있다. 더욱이 임신한 아내가 미국에 와서 출산하면 그 애는 미국 시민권자가 된다는 생각에 그 야망에 더욱 매달린다. 영주권을 얻기 위해 수단과 방법을 가리지 않는 비열한 호빈의 모습은 광활하고 아름다운 미국 서부의 경치와 대비되면서 더 안타깝고 불안해 보인다. 위장결혼을 눈치채고 자신을 의심하는 이민국 직원 앞에서 호빈은 온 마음과 정성을 담아 간절하게 미국 국가를 부른다. 그 모습에 이민국 직원은 감동했고, 호빈은 자신의 야망대로 살 수 있을 것 같았다. 그러나 호빈은 아내가 변심하여 미국에 오지 않는다는 소식을 듣게 되고, 제인은 끝까지 자신을 도구로만 이용하는 호빈의 이기심과 야망을 향해 총구를 들이댄다.

　1984년은 부와 자유를 상징하는 나라 미국에 대한 한국인들의 꿈이 부풀어 오르던 때이다. 「깊고 푸른 밤」에서 백호빈은 제인을 순전히 영주권을 갖게 해줄 수단으로서 보고서 자신의 목적을 이루기 전까지는 뭐든지 해줄 것처럼 비위를 맞추다가, 영주권을 받고 나서는 창녀라고 욕을 하고 성적으로 모욕함으로써 자신에 대한 그녀의 사랑을 떼어 내려 한다. 당시 이 영화가 최대 관객을 모으는 큰 성공을 거둔 데에는 주인공들의 훌륭한 연기와 더불어 미국 사회 속에 편입되고자 하는 그의 절절한 욕망과 고독이 큰 공감을 불러일으켰기 때문이기도 할 것이다. 1980년대에는 미국 영주권을 획득하여 새 출발을 하고 싶은 한국인들의 욕망이 지금과는 비교도 안 될 정도로 컸다. 밀입국이나 친지를 통한 이민, 심지어는 위장결혼을 통해 영주권을 얻는 방법이 일반인들 사이에서 전수되기도 했다. 백호빈이 비열한 악인임을 알고 있음에도, 관객들은 영주권에 그토록 매달리는 그의 야심과 그것을 잃은 그의 낭패에 상당히 공감하고 있었던 것이다.

　같은 한국인으로서 미국 사회로 온갖 방법을 다 강구해서 편입되고 싶은 마음에 대해서는 이해를 하고 그 절절한 심정을 공감하면서도, 한국에 온 이주노동자들의 절실함에 대해서는 매우 냉정하다. 한국이 더 경제적으로 발전하고 더 민주화될수록, 동남아 사람들에게 한국의 영주권은 「깊고 푸른 밤」에서 한국인이 미국 영주권에 대해 그러했던 것처럼 점점 더 간절한 꿈이 되고 있다. 「방가? 방가!」에서 베트남 여성 장미가 한국에 살기 위해 한국인과 결혼하고 싶다는 심정을 토로할 때 우리의 반응은 어떠한가. 아들 단풍이가 한국에서 태어났고 초등학생이 되도록 한국에서 자라 한국말밖에 할 줄 모르는데도 아직 한국에서 아무런 법적 신분이 없는 상황이어서, 한국인과 결혼하고 싶은 그녀의 욕망은 훨씬 배가된다. 꼭 한국 남자와 결혼해야만 하는 이유가 너무도 절실한 그녀의 얘기를 들으면서도 대부분의 한국인의 반응의 최대치는 '그렇구나'라는 이성적인 이해이다. 다른 나라에 가서 편입하려고 몸부림치는 우리들의 이야기에 대해서는 관대하면서도 한국에 들어온 다른 민족과 더 짙은 피부색을 가진 사람들의 절실함에 대해서는 덤덤하다.

두 영화가 서로 비교되는 점은 또 있다. 약 30년의 세월의 격차가 있음에도 「깊고 푸른 밤」의 불법체류자인 백호빈보다 「방가? 방가!」의 동남아 불법체류자의 현재의 상태가 더 열악해 보인다. 백호빈의 계획은 그를 진짜로 사랑하게 된 제인과 그를 더 이상 기다리지 않기로 한 아내 때문에 실패로 끝났지만, 잘되었더라면 백호빈은 몇 년 내로 시민권도 무난히 받았을 것이다. 미국에서 영주권자는 몇 년 동안 안정된 직업과 일정 기간의 거주와 상당한 문화적 적응력을 갖추고 나면 시민권자가 될 수 있다. 1965년 이후 유럽 이외의 국가들에게 이민이 확대된 뒤로 미국 시민권의 개방성이 약해지고는 있지만, 미국에서 영주권자는 원칙적으로는 시민권자로의 이행 단계에 들어선 사람이다(Motomura, *Americans in Waiting*, pp.162~170). 상당히 신축성 있는 영주권 제도를 가지고 있으며 영주권을 시민권으로의 이행 단계로 연계시켜 생각하는 미국법에 비하면 한국의 법은 너무나 폐쇄적이다. 2001년이 되어서야 한국에서는 영주권 제도가 운영되었고 그때까지는 장기 체류하는 외국인에게는 5년 단위의 거주체류자격만을 발급했다(최현, 「대한민국의 국적 제도의 개선 방안 모색」, 236쪽). 이주노동자의 경우에는 국민의 배우자로서도 영주권을 신청할 수 있는 자격을 갖추기가 매우 힘들며, 영주권을 받더라도 영주 외국인은 주민등록번호를 가질 수 없기 때문에 누릴 수 있는 권리가 여전히 매우 협소하다.

데이비드 하비는 포스트모더니티의 속성으로 '시공의 응축'compression of time and space을 꼽고, 앤서니 기든스도 지구화가 각각의 국민국가나 종교나 지역들 앞에 놓여 있는 거리를 녹아 내리게 하는 '거리의 소멸'dissolution of distance을 가져왔다고 말한다. 이 시공의 응축과 거리의 소멸은 전 세계적인 인터넷망과 유통망에 해당될 뿐 아니라 전 세계적인 인간의 이동에도 해당된다. 세계경제가 자본주의로 단일화되면서 저개발국가의 많은 사람들이 일자리를 찾아 보다 발전된 나라로 떠나게 되고 각국은 보다 저렴한 외국인 인력을 사용하기 위해 빗장을 열어 놓는다.

3D 업종의 노동력이 부족해지자 1980년대 말부터 한국도 외국인 인력을 많이 받아들이기 시작했다. 2012년 현재 등록된 외국인이 100만 명을 넘어섰고 등록되지 않은 체류 외국인까지 합하면 현재 130만 명을 넘어설 것으로 보고 있다. 한편 농촌 총각의 신붓감 부족이 사회문제로까지 대두되면서 중국 조선족과 동남아시아의 여성들이 1990년대부터 결혼 이주를 해오기 시작했다. 2002년 3만 5,000명

을 밑돌던 것에서 5년 만에 세 배가 되고 현재는 한국인 전체 결혼의 12%가 외국인 여성과의 결혼으로 이루어진다. 어느새 한국은 더 이상 한 민족의 한 혈통이 아닌 명실상부한 다문화사회가 되었다.

한국에 장기 거주하는 외국인을 쉽게 마주칠 정도로 그들은 우리의 이웃이 되어 있지만, 한국은 여전히 그들의 권리를 인정하는 데 인색하다. 그러한 인색함을 보여 주는 가장 명시적인 예는 국가 안의 성원권의 자격을 말하는 시민권에서 드러난다. 장기 체류하는 외국인의 급속한 팽창에도 불구하고 권리 담지자의 경계를 보여 주는 시민권에 있어 한국의 변화는 아주 더디다. 결혼 이주자의 경우 한국에서 시민권을 보유하고 사회보장을 받기 위한 필수 조건은 결혼의 법적 관계의 지속이다. 만일 가부장제의 억압과 남편의 횡포에 의해 이혼하게 되는 경우라도 결혼 이주자가 시민인 자녀를 부양하고 함께 사는 경우에만 연금이나 건강보험의 혜택을 받을 수 있다. 외국인의 경우에는 그 사람의 국적이나 학력, 기술과 재산이 한국에서의 정착과 후에 시민권이나 영주권의 획득 여부를 크게 좌우한다. 고학력이고 한국이 선호하는 기술을 지녔거나 상당한 재력을 가진 외국인은 5년 이상 장기 거주하는 외국인에게 기회가 부여되는 시민권과 영주권의 획득에서 유리하다. 그러나 저학력이고 비기능직인 이주노동자는 체류를 보장받을 길이 없고, 장기 체류하여 한국에서 자녀를 낳아 기르는 경우라도 그들의 자녀는 속인주의를 고수하는 한국에서 시민권을 받을 수 없다.

가속화되는 다문화사회는 시민권에 근본적인 의문을 제기한다.

영토적 경계가 희미해진 상황에서 시민권은 여전히 유효한가? 시민권이 아직도 영토적으로 구분된 공동체의 구성원으로서의 자격을 의미해야 하는가? 초국가적 상황에서 아직도 국가가 시민권의 권리를 부여하는 유일한 제도여야 하는가?(이주연, 『세계화 시대의 대안적 시민권』, 41쪽) 이러한 질문들은 과연 세계화 시대에 시민권은 유효한가라는 근본적인 질문이다. 정치적 공동체인 국민과 혈연적·문화적 공동체인 민족을 동일시하는 방식으로 국가가 성립된 우리나라의 경우에는 이렇게 거센 세계화의 환경 속에서도 국가를 초월하는 코스모폴리탄적 시민권이나, 정치적 성원권을 부여하는 국가의 권위에 대한 의구심으로까지는 나아가고 있지 않다. 혈통으로 맺어진 국민 정체성이기에 민족과 국민이 한데 융합되어 있어 사람들의 마음속에 국가의 권위와 중요성이 각인되어 있다. 이것이 한국의 민족적·국가적 특성인 것은 분명하다. 그러나 비록 시민권을 민족국가와 계속 연계시켜 가져간다 할지라도 세계화의 요구에 부응해서 시민권을 신축적으로 개방해야만 하고 시민권의 행사에 비시민의 인권도 포함되어 있음을 유념해야 한다.

3. 시민권을 넘어서, 혼종성의 문화번역

최근 외국인이 저지른 살인 사건들이 일어나고 경제가 힘들어지면서 외국인에 대한 혐오감이 극성을 부리고 있다. 외국인노동자와 조선족을 추방하자는 글이 인터넷상에서 난무하고 심지어 비례대표

국회의원이 된 필리핀 이주여성 이자스민 씨에게도 비난글이 폭주했다. 이렇게 외국인에 대한 근거 없는 반감이 확산되는 것은 포용력이 부족한 한국 사회의 한계를 보여 준다. 경제가 어려우면 그 탓을 외국인에게 돌리며 일자리를 빼앗는 그들을 추방해야 한다는 논리가 고개를 든다. 가난한 동남아시아 국가에서 온 사람들을 외모적으로 비하하고, 더럽고 이질적인 존재라고 배척하기도 한다. 사람들이 민족주의나 국수주의의 이기적인 면모를 비판적으로 바라보지 못하고 오히려 그것을 조장하여 비등하게 한다면 그 사회는 지독한 미성숙 상태에 머물 수밖에 없다.

칸트는 계몽이란 미성년의 상태로부터 벗어나는 것이라고 말한다(칸트, 「계몽이란 무엇인가에 대한 답변」, 13쪽). 미성년의 상태에서 벗어나서 자신의 지성을 자유롭게 사용하기 위해서는 자유 이외의 다른 어떤 것도 필요하지 않다고 한다. 그 자유 중에서도 이성을 공적으로 사용할 수 있는 자유가 바로 계몽이라고 칸트는 말한다. 이성을 공적으로 사용하는 것은 어떤 사람이 학자로서 일반 독자 전체 앞에서 자신의 이성을 사용하는 것을 가리키며, 반면에 이성을 사적으로 사용하는 것은 그에게 맡겨진 어떤 시민적 지위나 공직에서 이성을 사용하는 경우를 가리킨다고 말한다(칸트, 「계몽이란 무엇인가에 대한 답변」, 16쪽).

칸트는 그 이전 혹은 오늘날의 일반적 통념을 전도하고 있다. 통상적으로 공적이라는 것은 국가적 차원의 것이다. 그런데 칸트는 그것을 사적인 것이라고 하며 역으로 거기에서 벗어나 개인으로서 생각하는 것을 공적이라고 말하기 때문이다. 국가의 공무원으로서 한 사람이 하는 결정이나, 성직자가 한 교회의 입장에서 행동하는 것은 국가나 교회의 입장과 이해관계를 따르며 결정하고 행동한 것이므로 사적인 자유를 행사한 것이다. 그러한 사적인 입장이나 이해관계를 벗어나 개인으로서 생각하는 것을 칸트는 공적인 자유라고 일컬으며 바람직한 태도로 본다. 칸트는 그러한 개인을 세계시민, 즉 코스모폴리탄이라고 불렀다. 코스모폴리탄이라면 흔히 어느 나라에도 소속되지 않은 자유인 혹은 국제인을 연상한다.

그러나 가라타니 고진이 말하듯이 "코스모폴리탄이란 어떤 실체가 있는 것은 아니다. 사람들은 어딘가의 국가나 문화에 속해 있고 그것을 부정할 수는 없다. 그러나 그것을 '괄호에 넣을' 수는 있다"(가라타니 고진, 『윤리 21』, 85쪽). 현실 속에서 사람은 어느 나라의 국민에 속하지만, 국가이기주의를 넘어서서 판단을 내릴 수 있는 개인적인 윤리적 판단이 요구된다. 국가와 국민의 이해관계를 괄호에 넣고 세계시민적 관점에서 본다면, 우리나라에 이롭다고 도덕적으로 옳지 않은 판단을 계속 주장하거나, 이주자에게 시민의 혜택이 가는 것에 대해 인색한 태도를 계속 고집하지는 않을 것이다.

이주자들 편에서도 인권을 되찾기 위해서는 뭉쳐서 힘을 키워야 한다. 2001년 송해성 감독이 만든 영화 「파이란」은 이주자가 디아스포라라는 집단적 정체성으로 뭉쳐야 하는 이유를 생각하게 하는 영화이다. 파이란(장바이즈 분)은 한국에 이주해 온 중국 여성으로 친지를 찾지 못하여 한국에서 묵을 곳이 없게 된다. 위장결혼으로 시민

권 장사를 하는 범죄단의 삼류 건달인 이강재(최민식 분)와 파이란은
얼굴도 보지 못한 채 서류상으로만 결혼을 한다. 결혼을 통해 시민권
을 가지긴 했으나 그것이 그녀에게는 한국 시민으로서의 아무런 소
속도 위안도 주지 못한다. 시민권은 한국에 머무르며 일해도 쫓겨나
지 않을 자격만을 부여했을 뿐이다. 조선족과는 달리 말도 통하지 않
는 그녀의 삶은 유형자의 삶이다. 사회와의 교류도 사회권도 전혀 갖
지 못한 채 의식주만 최소한으로 해결하고 있는 호모 사케르와 같은
상태이다. 중국에는 이미 부모도 집도 없어 돌아가고 싶지 않고, 한
국에는 동족이나 친구와의 어떤 교류도 없다. 그녀는 자신을 체류할
수 있게 '결혼'을 해준 그 남자에 대한 고마움과 그리움만 키워 간다.
외로움과 고달픔이 오직 그 남자에 대한 그리움으로 향하나 그녀는
죽어서야 그 남자를 만날 수 있다. 시신을 인수하라는 명령장을 가지
고 온 경찰에 의해서야 이강재는 자기에게 얼굴도 못 본 아내가 있었
다는 사실을 깨닫는다. 파이란의 유형자적 삶은 한국의 이주자들의
배제된 삶을 대표한다.

주디스 버틀러는 대담집 『누가 민족국가를 노래하는가』에서 이
주자들의 행위성에 대한 중요한 지적을 한다. 2006년 봄 캘리포니아
에서 일어난 미등록 이주자의 권리 보장을 요구하는 거리 시위에서
참가자들이 미국 국가를 스페인어로 노래한다. 버틀러는 이 사건을
'수행적 모순'performative contradiction이라는 개념으로 해석한다(버
틀러·스피박, 『누가 민족국가를 노래하는가』, 59쪽). 스페인어로 미국 국
가를 노래하는 행위는 '우리'라는 복수성을 표현하는 행위지만, 이는

기존의 '우리'라는 경계에 의존하는 것이 아니라 행동을 통해 '우리'라는 소속 양식을 새로 짜는 것이며 평등의 선언이다. 집회에 참가해 노래를 부른 이들은 미등록 이주자 신분이기에 표현의 자유도 집회결사의 자유도 법적으로 부정당하는 존재들이다. 불법적인 존재가 되겠다는 주장을 하는 것 자체가 불법인 상황이다. 그럼에도 그러한 권리를 요구하면서 동시에 실제로 그 권리를 거리 위에서 실행하고 있다. 아직 오지 않은 미래를 현재에 상연하는 역설 속에서 그 가능성을 열어 젖히는 수행적 실천인 것이다. "수행성을 주장의 한 방식이자 시간이 흐르면서 효과가 나타나는 행동으로 받아들인다면, 우리는 수행적 모순이 없을 때 변혁적 급진 정치도 불가능하다고 말할 수 있다"(버틀러·스피박, 『누가 민족국가를 노래하는가』, 66쪽). 공통된 아픔을 갖고 있는 디아스포라들이 수행적 모순을 실천해야만 잃어버린 인권을 되찾는 시간을 앞당길 수 있을 것이다.

시민과 디아스포라의 입지를 현실 속에서 보면 국가의 틀을 부정하기가 힘들어지고 따라서 제시할 수 있는 해결책도 한정적이다. 이러한 제안은 구체적이지만 그런 만큼 제한적이다. 어디까지나 국가의 틀 안에서의 시민권을 유지하면서 이주자들에게 조금 관용적으로 적용하자는 차원에서 벗어나 있지 않다. 한국 사회는 원본이며 '갑'이라는 입장에 서서 이따금 이국성에 약간의 관용적 태도를 취하는 것에서 더 나아가고 있지 않다. 이에 비해 앞서 살펴보았듯이 이주자들이 나오는 문학작품 속에서 시민과 디아스포라를 보면 문제가 되는 사안의 큰 그림을 조망하게 된다. 주체를 이주자 편에 놓고 보게 되고 그들의 문화번역과 행위성에 초점이 주어지게 된다. 문학 작품은 기존의 문화가 새로 들어오는 사람들이 따라야만 하는 원본이라는 통념에 의문을 제기하고 원본과 번역본을 정해진 위계 구도로 보지 않게 한다. 특히 혼종적인 현대사회를 잘 보여 주는 『네이티브 스피커』와 『오렌지 회귀선』에서는 이주자들의 역량은 무시할 수 없게 커지고 그들이 사회에 미치는 영향도 역동적이다.

기존의 자료에 근거한 사회과학 서적이나 시민법과 같은 법이 현재의 디아스포라들의 입지나 상황을 더 잘 보여 주는 것일까, 아니면 문학작품 안에서 행동하는 이주자들의 모습이 현재 그들의 입지나 상황을 더 잘 보여 주는 것일까. 문학을 통해 본 이주자들의 모습은 현실보다 낙관적으로 그려져 있는, 아직 오지 않은 세계인가. 그렇지가 않다. 이 책에서 다룬 디아스포라 문학들은 '현실 분석'의 언어들보다 오히려 더 현실의 얼룩덜룩한 풍성함을 잘 드러내 보여 준다. 시민법이나 이민법 등의 법조항은 현재의 이주자들이 곳곳에서 보여 주는 독특한 문화번역과 풍성함을 차단하고 있다는 느낌이 훨씬 강하다. 법이 그 끈덕지고 활기찬 이주자들의 흐름을 미처 따라가지 못하고 인정하려 하지 않는 것으로 보인다. 제도는 이주자들이 수나 잠재력에 있어 미미하여 그 존재를 무시해도 좋다는 단정을 하고서 지극히 완만한 변화만을 반영하는 것이다. 이는 표와 수치를 제시하는 보수적 입장의 사회이론서들의 주장도 마찬가지이다. 제도를 가지고 한도를 정하고 장벽을 세우는 주류가 혼종화로 가는 현재의 흐름을 밀어내려 하는 방어적 위치에 있다는 것은 확실해 보인다.

아무리 사회를 단정하고 통일되게 재단하려 해도 현실은 이미 그런 재단을 넘어서서 불거져 나오고 있다. 미국에서 10년 전만 해도 절대 있을 수 없을 것 같던 흑인 대통령이 당선되었고, 재선에도 성공했다. 이는 강제 이산을 통해 미국에 뿌려진 흑인들이 수백 년을 거친 생존의 싸움과 지난한 문화번역으로 이루어 낸 승리이다. 그 승리는 또한 흑인 디아스포라에 동질감을 느끼는 현재의 다국적 출신의 수많은 이주자들의 성원이 만들어 낸 것이다. 아무리 열악한 상태로 이주한 자라도 생존의 문화번역에서 살아남을 것이고 아이러니하고 반란적인 문화번역을 계속해 나갈 것이다. 지금도 그렇게 하고 있고 그 주체적인 문화번역은 더욱 풍성해질 것이다.

한국에서도 싱가포르 출신 이주 여성 이레사가 '톡투미'Talk to Me라는 이주자들의 단체를 만들어 사회봉사를 하며 한국인들에게 적극적으로 말을 걸고 있다. 그녀는 "우리 안에 우리가 모르는 우리도 있다"라고 말한다. 보통의 한국인들은 여전히 그들을 경계 밖에 두려고 애를 쓰지만, 어느덧 그들은 우리 안에 들어와 있다. 우리라는 것이 본래 단일할 수가 없음을 환기시키는 것이다. 이제 이주자들은 입양 사회를 원본이라 보고 자신을 맞추려 애쓰는 동화만을 하려하지 않고 그들의 이질성을 보여 주며 자신도 사회의 한 일원임을 주장하며 사회에 혼종의 색채를 가미하고 있다.

시민은 더욱더 보편적이며 평등주의적으로 되어야 하는 내적 논리에 충실하기 위해 변화해야 하는 개념이다(Faulks, *Citizenship*, p.11). 시민이 신축성을 잃어 가장 중요한 그 내적 논리를 포기할 때에는 시민이라는 용어의 호소력은 없어질 것이다. 디아스포라도 마찬가지이다. 본래의 어원은 고국을 떠나 다른 나라로 이주한 사람들과 그들의 그리움에서 나왔다. 디아스포라가 민족이라는 집단적 정체성의 성격을 띠고 있어 그렇게 끈질긴 생명력을 지녔음에도 만일 그 용어가 같은 민족의 이기주의를 도모하는 성격에 그친다면 그 용어의 호소력도 제한적일 것이다. 민족들 간의 반목과 싸움은 세계를 위협하는 여전히 중요한 한 요인이며, 그 세속적 쟁탈 싸움에 굳이 디아스포라라는 이데올로기적 휘광을 입혀 줄 필요는 없다. 디아스포라가 이제는 이주하여 정착한 지 오래된 2세대, 3세대 사람들에게도 끈끈한 끈이 될 수 있는 이유는 그것이 담고 있는 순수함에 있다. 디아스포라는 본디 다른 나라로 이주한 사람들의 고국에 대한 그리움으로, 이는 순진했던 과거의 자신에 대한 그리움과도 상통한다. 창래 리가 "나는 항상 어느 것도 당연한 것으로 받아들이지 않는 사람들, 절대적으로 안락하다고 느끼지는 않는 사람들, 절대적으로 뿌리박힌 존재라고 느끼지는 않는 사람들을 대하는 게 좋다"라고 했을 때의 그러한 사람들이 아마 디아스포라의 정신을 안고 사는 사람들일 것이다. 자신이 기득권이라고 행사하지 않는 마음, 항상 당연시하지 않는 소속감, 거기서 나오는 이방인에 대한 열린 자세, 이러한 마음의 사람들이 영원한 디아스포라들이다. 이들의 일상적 문화번역에 의해 사회는 보다 보편적이고 평등한 혼종사회가 될 것이다.

참고문헌

가라타니 고진, 『윤리 21』, 송태욱 옮김, 사회평론, 2008.

김재영, 『코끼리』, 실천문학사, 2005.

네그리, 안토니오·마이클 하트, 『다중: 제국이 지배하는 시대의 전쟁과 민주주의』, 조정환·정남영·서창현 옮김, 세종서적, 2008.

라슨, 넬라, 『패싱』, 서숙 옮김, 이화여자대학교출판부, 2006.

망투, 뽈, 『산업혁명사』, 정윤형·김종철 옮김, 창작과비평사, 1987.

모랑주, 장, 『1789년 인간과 시민의 권리 선언』, 변해철 옮김, 탐구당, 1999.

무페, 샹탈, 「시티즌십이란 무엇인가」, 『시민과 세계』 3호, 2003, 379~388쪽.

박지향, 『제국주의: 신화와 현실』, 서울대학교출판부, 2007.

발리바르, 에티엔, 『우리, 유럽의 시민들?: 세계화와 민주주의의 재발명』, 진태원 옮김, 후마니타스, 2010.

버틀러, 주디스·가야트리 스피박, 『누가 민족국가를 노래하는가』, 주혜연 옮김, 산책자, 2008.

베누티, 로렌스, 『번역의 윤리: 차이의 미학을 위하여』, 임호경 옮김, 열린책들, 2006.

베르만, 앙트완, 『낯선 것으로부터 오는 시련: 독일 낭만주의 문화와 번역』, 윤성우·이향 옮김, 철학과현실사, 2009.

벤하비브, 세일라, 『타자의 권리: 외국인, 거류민, 그리고 시민』, 이상훈 옮김, 철학과현실사, 2008.

설동훈, 「국제노동력 이동과 외국인노동자의 시민권에 대한 연구」, 『민주주의와 인권』 7권 2호, 2007, 369~419쪽.

＿＿＿, 『노동력의 국제이동』, 서울대학교출판부, 2001.

스피박, 가야트리, 『포스트식민 이성 비판: 사라져가는 현재의 역사를 위하여』, 태혜숙·박미선 옮김, 갈무리, 2005.

시에예스, E. J., 『제3신분이란 무엇인가』, 책세상, 2003.

신경숙,『외딴방』, 문학동네, 1995.

아렌트, 한나,『전체주의의 기원 1』, 이진우·박미애 옮김, 한길사, 2006.

아리스토텔레스,『정치학』, 라종일·천병희 옮김, 박영사, 2003.

아우구스티누스,『신국론』, 성영 옮김, 분도출판사, 2004.

앤더슨, 베네딕트,『상상의 공동체: 민족주의의 기원과 전파에 대한 성찰』, 윤형숙
　　옮김, 나남, 2004.

엥겔스, F.,『영국 노동자계급의 상태』, 박준식·전병유·조효래 옮김, 세계사, 1988.

윤인진,『코리안 디아스포라: 재외한인의 이주, 적응, 정체성』, 고려대학교출판부,
　　2005.

이광규,『신민족주의의 세기』, 서울대학교출판부, 2006.

이명호,「문화번역의 정치성: 이국성의 해방과 이웃되기」,『비평과 이론』15권 1호,
　　2010, 233~250쪽.

이소희,「『제스처 라이프』에 나타난 젠더화된 트라우마」,『현대영미소설』13권 1호,
　　2006, 133~156쪽.

이수영,「다인종사회의 형성과 미래:『오렌지 회귀선』을 중심으로」,『미국소설』17
　　권 3호, 2010, 115~138쪽.

이주연,『세계화 시대의 대안적 시민권: 한국적 적용의 모색』, 고려대학교 정치외교
　　학과 대학원 석사학위 논문, 2005.

이지명,『넘쳐나는 민족 사라지는 주체: 민족 담론의 공존을 위해』, 책세상, 2008.

초우, 레이,『원시적 열정』, 정재서 옮김, 이산, 2004.

최현,「대한민국과 중화인민공화국의 국민 정체성과 시민권 제도」,『한국사회학』
　　37권 4호, 2003, 143~173쪽.

　　　　,「대한민국의 국적 제도의 개선 방안 모색: 영주권전치주의를 중심으로」,
　　『민주주의와 인권』10권 2호, 2010, 221~260쪽.

　　　　,『인권』, 책세상, 2008.

최현모,「불법인 사람은 없다: 이주노동자라는 '사람'과 강요되는 '불법'」,『시민과
　　세계』18호, 2010, 103~117쪽.

칸트, 임마누엘,「계몽이란 무엇인가에 대한 답변」, 이한구 편역,『칸트의 역사철
　　학』, 서광사, 1992.

톰린슨, 존,『세계화와 문화』, 김승현·정영희 옮김, 나남출판, 2004.

프리드먼, 토머스,『렉서스와 올리브나무』, 장경덕 옮김, 21세기북스, 2009.

피어슨, 크리스토퍼,『근대국가의 이해』, 박형신·이택면 옮김, 일신사, 1998.

홉스봄, 에릭, 『혁명의 시대』, 정도영·차명수 옮김, 한길사, 2010.

Agamben, Giogio, *Homo Sacer: Sovereign Power and Bare Life*, California: Stanford University Press, 1998.

Altick, Richard, *Victorian People and Ideas: A Companion for the Modern Reader of Victorian Literature*, New York: Norton Company, 1973.

Appadurai, Arjun, *Modernity At Large: Cultural Dimensions of Globalization*, Minnesota: University of Minnesota, 1996.

Benjamin, Walter, "The Task of Translator", *Illuminations*, trans. Harry Zohn, New York: Schocken Books, 1969, pp.69~82.

Berry, John, "Acculturation and Adaptation in a New Society", *International Migration* vol.30, 1992, pp.69~85.

Bhabha, Homi K., *The Location of Culture*, New York: Routledge, 2006.

Brah, Avtar, *Cartographies of Diaspora: Contesting Identities*, London: Routledge, 1996.

Brubaker, Rogers, *Citizenship and Nationhood in France and Germany*, Cambridge: Harvard University Press, 1992.

Carroll, Hamilton, "Traumatic Patriarchy: Reading Gendered Nationalisms in Chang-rae Lee's *A Gesture Life*", *Modern Fiction Studies* vol.51, no.3, 2005, pp.592~616.

Castles, Stephen and Mark J, Miller, *The Age of Migration: International Population Movements in the Modern World*, New York: Guilford Press, 2009.

Chang, Joan Chiung Huei, "A Gesture Life: Reviewing the Model Minority Complex in a Global Context", *Journal of American Studies* vol.37, no.1, 2005, pp.131~152.

Chang, Roberta and Wayne Patterson, *The Koreans in Hawai'i: A Pictorial History 1903-2003*, Honolulu: University of Hawaii Press, 2003.

Cheng, Anne Anlin, "Passing, Natural Selection, and Love's Failure: Ethics of Survival from Chang-rae Lee to Jacques Lacan", *American Literary History* vol.17, no.3, 2005, pp.553~574.

Cho, Sumi K, "Korean Americans vs. African Americans: Conflict and Construction", ed. Robert Gooding-Williams, *Reading Rodney King, Reading*

Urban Uprising, New York: Routledge, 1993, pp.196~214.

Chow, Rey, *Writing Diaspora: Tactics of Intervention in Contemporary Cultural Studies*, Indiana: Indiana University Press, 1993.

Chu, Patricia, *Assimilating Asians: Gendered Strategies of Authorship in Asian America*, Durham: Duke University Press, 2000.

Chuh, Kandice, "Discomforting Knowledge: Or, Korean 'Comfort Women' and Asian Americanist Critical Practice", *Journal of Asian American Studies* vol.6, no.1, 2003, pp.5~23.

Chung, Hyeyurn, ""Once a Jap, Always a Jap": Delegitimizing the Violence of "Dangerous Enemy Aliens" in *No-No Boy*", 『새한영어영문학』 51권 1호(*The New Korean Journal of English Language and Literature* vol.51, no.1), 2009, pp.191~211.

Corley, Liam ""Just Another Ethnic Pol": Literary Citizenship in Chang-rae Lee's *Native Speaker*", *Studies in the Literary Imagination* vol.37, no.1, 2004, pp.61~81.

Davis, Mike, *City of Ouartz: Excavating the Future in Los Angeles*, New York: Vintage Books, 1990.

Dayan, Daniel and Elihu Katz, *Media Events: The Live Broadcasting of History*, Cambridge: Harvard University Press, 1992.

Dickens, Charles, *A Tale of Two Cities*, New York: The Living Library, 1970.

Faulks, Keith, *Citizenship*, London: Routledge, 2000.

Giddens, Anthony, *The Consequences of Modernity*, Cambridge: Polity Press, 1990.

Gordon, Milton, *Assimilation in American Life: The Role of Race, Religion, and National Origins*, Oxford: Oxford University Press, 1964.

Grewal, Inderpal, *Transnational America: Feminisms, Diasporas, Neoliberalisms*, Durham; London: Duke University Press, 2005.

Harvey, David, *The Condition of Postmodernity: An Enquiry into the Origins of Cultural Change*, Oxford: Basil Blackwell, 1989.

Hobsbawm, Eric, *The Age of Revolution 1789-1848*, New York: The World Publishing, 1962.

Huang, Betsy, "Chang-rae Lee's *Native Speaker* and the Politics of Consent",

Journal of Asian American Studies vol.9, no.3, 2006, pp.243~269.

Hu-Dehart, Evelyn, "Asian Women Immigrants in the US Fashion Garment Industry", eds. Dong-Sook Gills and Nicola Piper, *Women and Work in Globalising Asia*, New York: Routledge, 2002, pp.207~230.

Jerng, Mark C., "Recognizing the Transracial Adoptee: Adoption Life Stories and Chang-rae Lee's *A Gesture Life*", *MELUS(Multi-Ethnic Literature of the United States)* vol.31, no.2, 2006, pp.41~67.

Kim, Elaine H., "Home is Where the Han Is: A Korean American Perspective on the Los Angeles Upheavals", ed. Robert Gooding-Williams, *Reading Rodney King, Reading Urban Uprising*, New York: Routledge, 1993, pp.215~235.

Kim, Soo Yeon, "Lost in Translation; The Multicultural Interpreter as Metaphysical Detective in Suki Kim's *The Interpreter*", eds. Nels Pearson and Marc Singer, *Detective Fiction in Postcolonial and Transnational World*, Burlington: Ashgate Publishing Company, 2009, pp.195~205.

Kim, Suki, *The Interpreter*, New York: Picador, 2003.

Koo, Eunsook, "Immigrants as Detectives and Cultural Translators: Suki Kim's *The Interpreter*", *Comparative Korean Studies* vol.11, no.2, 2003, pp.23~36.

Kraidy, Marwan M., *Hybridity or the Cultural Logic of Globalization*, New York: Temple University Press.

Lee, Chang-rae, *A Gesture Life*, New York: Riverhead Books, 1999.

_____, *Native Speaker*, New York: Riverhead Books, 1995.

Lee, Seonju and Roberta Chang, *When the Korean World in Hawaii was Young 1903-1940*, Honolulu: University of Hawaii Press, 2012.

Lee, Sue-Im, "We Are Not the World: Global Village, Universalism, and Karen Tei Yamashita's *Tropic of Orange*", *Modern Fiction Studies* vol.52, no.3, 2007, pp.501~527.

Lee, Young-Oak "Gender, Race, and the Nation in *A Gesture Life*", *Critique: Studies in Contemporary Fiction* vol.46, no.2, 2005, pp.146~159.

_____, "Language and Identity: An Interview with Chang-rae Lee", *Amerasia Journal* vol.30, no.1, 2004, pp.215~227.

Leupp, Gary P, *Interracial Intimacy in Japan: Western Men and Japanese Women, 1543-1900*, London; New York: Continuum, 2003.

Li, David Leiwei, *Imaging the Nation: Asian American Literature and Cultural Consent*, California: Stanford University Press, 1998.

Lim, Shirley Geok-lin, "Immigration and Diaspora", *An Interethnic Companion to Asian American Literature*, ed. King-Kok Cheung, Cambridge: Cambridge University Press, 1997.

Ling, Jinqi, "Race, Power, and Cultural Politics in John Okada's *No-No Boy*", *American Literature* vol.67, no.2, 1995, pp.359~381.

Lowe, Lisa, *Immigrant Acts: On Asian American Cultural Politics*, Durham: Duke University Press, 1996.

Marshall, T. H., "Citizenship and Social Class", eds. Bryan S. Turner and Peter Hamilton, *Citizenship: Critical Concepts vol.II*, London: Routledge, 1994, pp.5~44.

_____, *Class, Citizenship, and Social Development*, Westport: Greenwood Publishng Group, 1973.

Morgan, David H. J., "Theater of War: Combat, the Military, and Masculinities", eds. Harry Brod and Michael Kaufman, *Theorizing Masculinities*, Thousand Oaks, Calif.: Sage Publications, 1994, pp.444~459.

Motomura, Hiroshi, *Americans in Waiting: The Lost Story of Immigration and Citizenship in the United States*, New York: Oxford University Press, 2006.

Mullen, Fred, "DeWitt Attitude on Japs Upsets Plans", *Watsonville Register-Pajaronian*, April 16, 1943.

Nakanishi, Don T., and James S. Lai, *Asian American Politics: Law, Participation, and Policy*, New York: Rowman & Littlefield Publication, 2002.

Ng, Wendy, *Japanese American Internment During World War II*, London: Greenwood Press, 2002.

Niranjana, Tejaswini, *Siting Translation: History, Post-structuralism, and the Colonial Context*, Berkeley: University of Californa Press, 1992.

Okada, John, *No-No Boy*, Seattle: University of Washington Press, 1976.

Okihiro, Gary Y., *The Columbia Guide to Asian American History*, New York: Columbia University Press, 2005.

Ong, Aihwa, *Flexible Citizenship: The Cultural Logics of Transnationality*, Durham & London: Duke University Press, 1999.

Palumbo-Liu, David, *Asian/American: Historical Crossings of a Racial Frontier*, California: Stanford University Press, 1999.

Parikh, Crystal, "Ethic America Undercover: The Intellectual and Minority Discourse", *Contemporary Literature* vol.43, no.2, 2002, pp.249~284.

Perkins, Harold, *The Origins of Modern English Society 1780-1880*, London: Routledge, 1969.

Rody, Caroline, "The Transnational Imagination: Karen Tei Yamashita's *Tropic of Orange*", eds. Eleanor Ty and Donald C. Goellnight, *Asian North American Identities: Beyond the Hyphen*, Indianapolis: Indiana University Press, 2004, pp.130~148.

Safran, William, "Diasporas in Modern Societies: Myths of Homeland and Return", eds. Steven Vertovec and Robin Cohen, *Migration, Diasporas and Transnationalism*, Massachusetts: Edward Elgar, 1999, pp.364~395.

Sayers, Valerie, "Little Comfort Given", *Commonweal* vol.126, no.22, 1999, pp.19~20.

Shan, Te-hsing, "Interview with Karen Tei Yamashita", *Amerasia Journal* vol.32, no.3, 2006, pp.123~142.

Sheffer, Gabriel, "The Emergence of New Ethno-National Diasporas", eds. Steven Vertovec and Robin Cohen, *Migration, Diasporas and Trans-nationalism*, Massachusetts: Edward Elgar, 1999, pp.396~419.

Song, Min Hyoung, "A Diasporic Future? *Native Speaker* and Historical Trauma", *Literary Interpretation Theory* vol.12, no.1, 2001, pp.79~98.

Sze, Julie, "Not by Politics Alone': Gender and Environmental Justice in Karen Tei Yamashita's *Tropic of Orange*", *Bucknell Review* vol.44, no.1, 2000, pp.29~43.

Turner, Bryan, *Citizenship and Capitalism: The Debate over Reformism*, London: Routledge, 1986.

Wallace, Molly, "Tropic of Globalization: Reading the New North America", *Symploke* vol.9, no.1-2, 2001, pp.145~160.

Weiner, Michael, *Race and Migration in Imperial Japan*, London: Routledge,

1994.

Williams, Raymond, *The Country and the City*, St. Alban: Paladin, 1975.

Yamashita, Karen Tei, *Tropic of Orange*, Minneapolis: Coffee House Press, 1997.

Yuval-Davis, Nira, *Gender and Nation*, London: SAGE, 1997.

더 읽을 책

에릭 홉스봄, 『혁명의 시대』, 정도영·차명수 옮김, 한길사, 1998.

현실적 사회주의를 넘어서 맑스주의 정신에 입각한 역사학은 홉스봄으로 대표된다. 그는 정치·경제·사회·문화 전반을 아우르는 거시적 역사학의 정점에 서 있다. 홉스봄은 프랑스혁명에서 러시아혁명까지를 다루며 유럽 근대사를 정리한 3부작 『혁명의 시대 1789~1848』, 『자본의 시대 1848~1875』, 『제국의 시대 1875~1914』로 명성을 쌓았다. 그중에서도 이 책 『혁명의 시대』는 왜 이 시기에 와서 비로소 자본주의의 승리가 가능하게 되었는지에 초점을 둔다. 그는 그것을 가능하게 한 것은 바로 이중혁명이었다고 본다. 이 책은 영국의 산업혁명이 자본주의 경제를 낳았고 프랑스혁명은 자본주의 정치를 낳음으로써 산업자본주의의 승리를 가져왔다는 논의를 해박하게 전개한다. 특히 프랑스혁명 발발 기운과 그 진행과 계급 간의 이데올로기를 다룬 장들은 근대 시민권과 관련한 역사적 근거를 제시해 준다.

자크 랑시에르, 『정치적인 것의 가장자리에서』, 양창렬 옮김, 길, 2008.

랑시에르는 이 책에서 정치, 치안 그리고 정치적인 것이라는 삼항조를 제시한다. 그는 정치적인 것이란 이질적인 두 과정, 즉 통치 과정(치안)과 평등 과정(정치)의 마주침으로 본다. 정치는 몫 없는 자들의 몫이라는 '보충'이 존재한다고 주장하고 치안은 몫 없는 자들의 몫은 존재하지 않는다고 주장한다는 점에서 치안은 정치를 방해한다. 랑시에르는 모든 통치에 치안 논리는 항상 존재하게 마련이며 이로 인해 정치가 방해받게 되고 몫 없는 자들이 언제나 생기고 있음을 문제시한다. 이 책은 치안과 정치 간의 마주침에서 평등으로 나아가는 길을 모색하는 와중에 '자리 바꿈', '불가능한 것과의 동일시', '주체화 과정'이라는 주요 개념을 만들어 낸다. 시민권에서 배제된 사람들을 위한 철학서라 할 수 있다.

세일라 벤하비브, 『타자의 권리: 외국인, 거류민, 그리고 시민』, 이상훈 옮김, 2004.

세계화가 시민권에 여러 가지 도전을 가하고 있는 오늘날, 벤하비브는 정치적 성원권 문제를 보편 인권의 핵심 주제로 파악하면서 성원권과 민주주의 사이에 모종의 긴장과 갈등이 나타남에 주목한다. 역사적으로 볼 때, 법의 권위에 구속되는 사람들의 범위와 국민 구성원이 완전히 일치했던 적은 없다. 현실 민주주의의 이런 한계를 실체적인 고정성으로 이해하는 현대 정치철학으로서 벤하비브는 지구촌 정의 이론가와 공동체주의자와 시민권 쇠퇴론자들의 이론 동향을 살핀다. 이에 반해 그녀는 일찍이 세계시민주의적 연방제를 주장했던 칸트의 전통을 따라 현존하는 민족국가 구조만을 지향하지 않는 세계시민적 연대를 주창한다. 이 세계시민적 연대 아래서는 오직 인간이라는 이유 하나만으로 모든 인류가 보편적 권리의 망 아래 귀속되며 성원권이라는 배제적 특권이 사라질 것이라고 전망한다. 타자의 권리에 대한 가장 정당하면서도 매우 급진적인 주장을 선언적으로 하지 않고 정치적인 관념과 용어로 치밀히 논의하고 있다는 점이 이 책의 미덕이다.

Susan Choi, *A Person of Interest: A Novel*, New York: Viking, 2008.

혼종적인 사회 속의 갈등을 소수민족이라는 특유성을 지닌 인물을 통해 잘 그려 내고 있는 작가로는 이 책에서 다룬 창래 리 이외에도 수잔 최가 있다. 이 책에서 미국 중서부의 노년 수학교수 닥터 리는 배달된 폭발물에 동료 교수가 죽는 사건에 그의 괴상하고 우호적이지 않은 행동으로 무고하게 혐의를 받게 된다. 40년 동안 미국에서 살아온 이 동양계 지식인에게 별다른 반감을 드러내지 않았던 사회가 닥터 리의 취약함을 엿본 순간 그에게 재인종주의를 덧씌워 압박해 옴이 연방수사국의 수사 방식을 통해 그려진다.

Seonju Lee and Roberta Chang, *When the Korean World in Hawaii was Young 1903-1940*, Honolulu: University of Hawaii Press, 2012.

하와이 초기 이민 한인들 19명의 구술사를 엮은 책이다. 20세기 초 하와이 한인들의 삶은 디아스포라의 원형을 보여 준다. 이 책에 실린 구술자료는 이국 땅에서 사람들은 어떻게 서로 비슷한 사람들과 모여 의지하며 사는가, 삶에 대한 두려움이 어떻게 사람들에게 신에 대한 믿음을 불러일으키는가, 고국이 어려울 때 어떻게 그들이 굳건히 뭉쳐 고국을 돕는 역할을 하는가, 동시에 지도 세력에 따라 사람들이 어떻게 서로 반목하게도 되는가를 보여 준다. 아울러 초창기 한인들이 미국에서 관습상의 굴레로부터 자유로워지는 측면이 있는가 하면 법적 신분상으로는 매우 불안정하고 취약했음을 개인들의 생애 속에서 살펴볼 수 있다.

사이 시리즈 발간에 부쳐

이화인문과학원 탈경계인문학연구단은 2007년 한국연구재단의 인문한국 (HK) 지원사업에 선정되어 '탈경계인문학'을 구축하고 이를 사회적으로 확산함으로써 한국 인문학의 새로운 지평을 창출하고자 하는 프로젝트를 수행하고 있다. '탈경계인문학'이란 기존 분과학문 간의 경계를 가로지르고 넘나들며 학문 간의 유기성과 상호 소통을 강조하는 인문학이며, 탈경계 문화 현상 속의 인간과 인간 경험을 체계적으로 성찰함으로써 경계 짓기로 대립하고 갈등하는 인간과 사회를 치유하고자 하는 인문학이다.

이에 연구단은 우리의 연구 성과를 학계와 사회와 공유하고자 '사이 시리즈'를 기획하였다. 탈경계인문학의 주요 주제에 대한 전문 학술서를 발간함과 동시에 전문 지식의 사회적 확산과 대중화를 위하여 교양서를 발간하게 된 것이다. 이 시리즈는 인문학에 관심을 가진 대학생들이나 일반인들이 새로이 등장하는 인문학적 사유와 다양한 이슈들에 쉽게 다가갈 수 있도록 쓰여졌다.

오늘날 우리는 문화적 경계들이 빠르게 해체되고 재편되는 변화의 시기를 살고 있다. '사이 시리즈'는 '경계' 혹은 '사이'에서 생성되고 있는 새로운 존재와 사유를 발굴하고 탐사한 결과물이다. 우리 연구단은 독자들에게 그 결과물을 제시하고 이를 토대로 상호 소통하는 계기를 마련하고자 한다. 인문학과 타 학문, 학문과 일상, 중심부와 주변부 사이의 경계를 넘어 공존과 융합을 추구하는 사이 시리즈의 작업이 탈경계 문화 현상을 새로이 성찰하고 이분법적인 사유를 극복하여, 경계를 넘나들며 다원적이고 통합적인 시각을 만들어 나가는 출발점이 되기를 기대한다.

2012년 3월
이화여자대학교 이화인문과학원 인문한국사업단